웹개발자

로드맵

양동준 지음

수치와 데이터로 증명하는

가이드북

여러분은 왜 개발자가 되고자 하시나요?

연봉 때문인가요? 아니면 현재 가진 직업보다 성장 가능성이 높아서일까요?

저의 경우는 내가 만든 서비스를 눈으로 보고 싶다는 호기심으로 시작하게 되었습니다.

대학교 때 저는 공부에는 관심이 없었습니다.

'네트워크'라는 과목을 수강할 때는 '도대체 이걸 어디에 사용하지?'라는 생각을 했습니다. 3학년 때 무선통신 실습과정에서 30만 원짜리 IoT 제품을 가지고 라우팅 알고리즘을 직접 만들어보는 실습을 했습니다. 10개 정도의 제품을 가지고 가장 짧은 거리를 도달하는 길을 LED로 보여주는 실습이었습니다. 그때 만들었던 라우팅 알고리즘을 만드는 경험이 소프트웨어 직업을 만들게 해준 계기가 되었습니다.

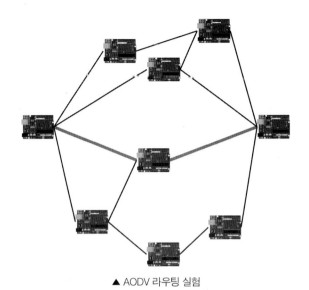

▲ AODV 라우팅 실험

　그때부터 소프트웨어를 만드는 것에 흥미를 가지게 되었습니다. C언어를 배우면서는 그동안 공부하면서 느끼지 못했던 재미를 알게 되었습니다. 결국 졸업 프로젝트로 실내 위치인식 안드로이드 앱과 서버를 혼자 만들며 뿌듯함과 행복함을 경험할수 있었습니다.

　사람들이 소프트웨어 개발자(엔지니어)를 꿈꾸는 데에는 여러 가지 이유가 존재합니다. 기술에 대한 열정 혹은 당면한 문제에 대한 새롭고 혁신적인 서비스를 만들고자 하는 열망 등이 있습니다. 그리고 복잡한 코딩 문제를 해결해야 하는 도전의식과 저와 같이 내가 구상한 아이디어가 실현되는 것을 보는 만족감 때문일 수 있습니다.

하지만 그중에서도 사람들이 소프트웨어 개발자를 꿈꾸는 가장 일반적인 이유 중 하나는 직업 전망과 수입 잠재력 때문입니다. 미국 노동통계국에 따르면 오늘날의 디지털 시대에 소프트웨어 엔지니어링은 수요가 많은 직업으로, 2020년부터 2030년까지 일자리 성장률이 21%에 달할 것으로 예상됩니다. 이것은 프로그래밍 기술을 가진 개인에게 많은 기회가 있으며, 높은 연봉을 받을 수 있는 잠재력이 있다는 것을 의미합니다.

소프트웨어 개발자는 최첨단 산업에서 일할 수 있습니다. 직업 전망 외에도 최첨단 기술을 연구하고 기술 산업의 흥미진진한 새로운 발전에 참여할 수 있는 기회를 제공합니다. 인공지능과 머신러닝부터 블록체인과 가상현실에 이르기까지 소프트웨어 개발자가 탐구하고 기여할 수 있는 혁신의 영역은 무수히 많습니다.

마지막으로 제가 그랬던 것처럼 단순히 개인적인 관심과 호기심으로 소프트웨어 개발자가 되고 싶을 수도 있습니다. 새로운 프로그래밍 언어와 도구를 배우는 과정을 즐기고, 자신만의 창의력과 기술을 사용하여 무에서 유를 창조하는 데서 만족감을 찾습니다.

여러분이 소프트웨어 개발자가 되기로 선택한 이유가 무엇이든 간에 소프트웨어 개발자는 성장, 학습, 개인적 만족을 얻을 수 있는 기회가 방대하게 펼쳐서 있는 분야라는 사실은 변함이 없습니다. 적절한 교육과 리소스, 지원을 받으면 누구나 성공적인 소프트웨어 개발자가 되어 기술 분야에서 의미 있는 영향력을 발휘할 수 있습니다.

이 책은 소프트웨어 개발자에서 가장 많은 수요를 차지하는 프론트엔드와 백엔드 개발자가 되는 공부법을 논리적이고 구체적으로 알려드립니다. 프론트엔드 및 백엔드 개발은 최신 웹 개발의 두 가지 필수 구성 요소입니다. 프론트엔드는 사용자 인터페이스를 생성하여 원활하고 매력적인 사용자 경험을 제공하는 역할을 하며, 백엔드는 애플리케이션의 기능을 지원하는 데 필요한 로직과 데이터 처리를 처리합니다.

프론트엔드 및 백엔드 개발은 특히 프로그래밍을 처음 접하는 사람들에게는 어렵게 느껴질 수 있지만, 올바른 지침과 리소스만 있으면 누구나 5개월 만에 기술을 배울 수 있습니다.

이 책에서는 프론트엔드 및 백엔드 개발을 위한 포괄적인 로드맵을 통해 각 구성 요소를 관리 가능한 단계로 세분화하고 성공에 필요한 지식과 도구를 제공합니다.

이 책은 완전 초보자 혹은 프로그래밍 경험이 어느 정도 있는 사람 모두 상관없이 단 5개월 만에 능숙한 프론트엔드 개발자 혹은 백엔드 개발자가 될 수 있도록 설계되었습니다. 최신 공고 사항을 분석한 논리적인 공부 방법을 제공합니다. 이력서에 쓸 포트폴리오까지 구체적으로 어떤 라이브러리를 사용해야 하는지 공고사항 맞춤으로 준비할 수 있는 방법을 제공합니다.

프론트엔드 및 백엔드 개발자가 되기 위한 첫걸음을 내디딜 준비가 되셨다면 지금 바로 시작하세요!

개발자로 취업을 준비하면서 혹시 '기초 먼저 해라'라는 말을 들어보셨나요?

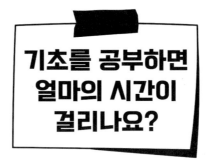

저는 이런 무책임한 말로 조언하지 않습니다. 왜냐하면 여러분에게 취업을 위해 주어진 시간은 한정적이니까요. 만약 이와 같은 조언을 하시는 분들이 있다면 그들에게 한 번 여쭤보시기 바랍니다.

'기초를 공부하는 데에는 얼마의 시간이 걸리나요?'

이 책은 여기서 말하는 '얼마의 시간'에 대한 구체적인 공부 방법을 제시하여, 실제 취업으로 가는 빠른 길을 제공해 드립니다. 이 책에선 여러분이 취직해서 실력을 쌓을 수 있는 기업을 목표로 잡고 목표까지 가는 상세한 길을 제시하지만, 아쉽게도 바로 '네카라쿠배'로 갈 수 있는 길을 제시해드리진 않습니다. 왜냐하면 '네카라쿠배'는 짧은 시간에 도달할 수 있는 목표가 아니기 때문입니다.

개발자가 되는 방법을 설명하는 책은 이미 많이 존재합니다. 그중 상당수는 훌륭한 통찰력과 방향성을 제공하지만, 속도라는 중요한 영역에서는 부족한 경우가 많습니다. 현실을 직시해 봅시다.

개발자가 되는 과정은 시간이 많이 걸리는 과정입니다.

많은 개발자 지망생이 IT 분야에 진출하기 위해 프로그래밍 언어를 공부하고, 프로젝트를 만들고, 부트캠프를 진행하면서 1년 가까이의 시간을 보냅니다. 이러한 접근 방식이 장기적으로 확실히 성과를 거둘 수는 있지만, 모든 사람이 직업을 변경하려고 준비하는 데에 수년을 보낼 수 있는 것은 아닙니다.

그렇기 때문에 우리는 다른 접근법을 가진 책이 필요합니다.

불필요한 정보나 느린 학습으로 시간을 낭비하지 않는 책. 핵심을 바로잡고 최대한 빠르고 효율적으로 개발자가 될 수 있도록 도와주는 책이 필요합니다.

만약 여러분이 이 글을 읽고 있다면, 당신은 소프트웨어 개발의 세계로 진입하고자 하는 많은 사람 중 한 명일 가능성이 높습니다. 아마도 현재의 직업이 미래 비전이 없다고 판단해서 더 만족스러운 직업을 원할 수도 있습니다. 또는 최근에 컴퓨터공학이 아닌 다른 전공을 졸업한 사람이 IT 산업에서 경력을 다시 시작하려고 할 수도 있습니다.

개발자가 되고 싶은 이유가 무엇이든 간에, 여러분은 혼자가 아닙니다. 개발자가 되려는 길에는 수많은 장애물과 도전으로 가득 차 있어 험난합니다. 그런 험난한 여정 속에서 이 책이 여러분의 길에 하나의 방향성을 제공해 주면 좋겠습니다.

이 책의 목적은 가능한 빠른 시간 내에 개발자가 되고 싶은 분들을 위해 숫자와 데이터가 증명하는 실행 가능한 로드맵을 제공하는 것입니다.

개발자가 되는 방법은 프론트엔드 개발자와 백엔드 개발자가 되는 방법으로 나눠, 두 영역을 구분해서 제공해 드립니다. 두 영역에서 고민하고 계시는 분들이 있다면 책을 읽어보시고, 두 영역 중 어떤 개발자가 나에게 맞는지 한 번 판단해 보시길 바랍니다.

소프트웨어 개발자는 수치와 데이터로 일하는 가장 논리적인 직업입니다. 소프트웨어 개발자로서 논리, 수치 그리고 데이터로 여러분에게 개발자가 되는 구체적이고 논리적인 전략을 숫자로 소개합니다.

▲ 저자의 유튜브 라이브 상담 기록

개발 유튜브 채널을 운영하면서 온라인 라이브를 통해 개발 초보를 위한 상담을 100번 이상 진행했습니다. 프론트엔드와 백엔드 가리지 않고 상담을 진행했는데 이제 막 개발을 시작하시는 분, 경력이 있으신 분 그리고 이직을 준비하시는 분 등 많은 사람에게 의견을 듣고 조언을 드렸습니다.

온라인 무료 상담뿐 아니라 실제 취준생들을 위한 취업 상담과 전략을 직접 제공하는 유료 상담을 통한 실제 상담 내용과 전략들도 확인할 수 있습니다.

본서는 필수 프로그래밍 언어부터 가장 수요가 많은 기술 및 기술에 이르기까지 개발자로서 시작하기 위해 알아야 할 모든 것을 다룹니다. 또한 포트폴리오 구축 기준, 다른 개발자와의 네트워킹, 코딩 테스트, 면접 질문 리스트 등 유용한 팁과 구체적인 조언도 제공합니다.

만약 여러분이 개발자가 되기 위한 각오가 되어 있다면, 이 책은 여러분에게 큰 도움이 될 것입니다.

시작하겠습니다!

목 차

들어가며

ChatGPT 걱정하시나요?
이 책에서 어떤 것을 배울 수 있나요?
나는 프론트엔드? 백엔드?

ChatGPT 걱정하시나요?

ChatGPT시대
개발자는
필요없을까요?

ChatGPT로 인해 개발자로써의 미래가 걱정되시나요?

ChatGPT와 같은 AI 언어 모델이 자신의 직업과 소프트웨어 개발의 미래에 미칠 잠재적인 영향에 대해 개발자와 취준생들 사이에서 우려가 있습니다. ChatGPT가 특정 작업을 자동화하고 일부 영역에 대한 인간 개입의 필요성을 줄일 수 있는 잠재력을 가지고 있는 것은 사실이지만, 개발자를 대체할 수 있는 도구는 아닙니다. 오히려 ChatGPT와 같은 AI 언어 모델은 개발자에게 매우 유용한 도구입니다. 반복 작업을 자동화하고 워크플로 Workflow를 간소화하며, 문제에 대한 새로운 통찰력과 관점을 제공하는 데 도움이 되기 때문입니다.

물론, 현재 개발자가 하는 일부분의 일을 줄여주기 때문에 기존 대비 개발자 일자리의 감소는 일어날 것으로 생각합니다.

하지만 AI를 도입하는 것을 주저했던 기업들의 규모가 커지고 새로운 아이디어를 가진 기업들이 생겨날 것으로 예상할 수 있습니다. 따라서 일자리는 전체적으로 유지될 것 보입니다.

ChatGPT와 같은 AI 언어 모델의 주요 이점 중 하나는 기업이 값비싼 AI 엔지니어링 팀이나 리소스에 투자하지 않고도 AI 서비스를 도입할 수 있도록 한다는 것입니다. 이는 스타트업에서 대기업에 이르기까지 모든 규모의 기업이 AI의 힘을 활용하여 운영을 개선하고 고객에게 더 나은 경험을 제공할 수 있음을 의미합니다.

ChatGPT와 같은 AI 언어 모델을 사용하는 데에 숙련된 개발자를 모집하는 것을 통해 기업은 경쟁력을 유지하고 점점 더 AI 중심의 환경에서 혁신을 지속할 수 있습니다. 이러한 개발자는 자신의 전문 지식을 활용하여 자동화 및 개인화를 위한 새로운 기회를 식별하고, AI 기술을 위한 새로운 애플리케이션 및 사용 사례를 만들 수 있습니다.

ChatGPT와 같은 AI 언어 모델의 부상은 기존 개발자들이 자연어 처리 및 대화형 AI와 같은 분야를 전문화할 수 있는 새로운 기회를 창출하고 있습니다. 기업이 고객을 위해 보다 자연스럽고 매력적인 경험을 창출하고자 함에 따라 이러한 기술과 전문 지식을 갖춘 개발자에 대한 수요가 증가할 것입니다.

전반적으로 ChatGPT와 같은 AI 언어 모델이 특정 유형의 개발 작업의 필요성을 줄일 수 있다는 것은 사실이지만, 새로운 기회를 창출하고 기업이 새롭고 혁신적인 방식으로 AI의 힘을 활용할 수 있는 잠재력도 가지고 있습니다. 개발자는 이러한 기술을 수용하고 시대를 앞서감으로써 소프트웨어 개발의 미래를 형성하고 광범위한 산업 분야에서 혁신을 주도하는 데 계속해서 중요한 역할을 수행할 수 있습니다.

01 어떤 프론트엔드 개발자가 되어야 할까요?

프론트엔드 개발자는 기술적인 능력 외에도 백엔드 API를 활용하여 유저들이 사용하기 편한 설계 능력을 갖추는 것이 필수입니다. AI 시대를 맞이하여 API를 받아오는 시간들이 길어짐에 따라서 프론트엔드에서의 최적화도 중요해졌습니다. 다음은 제가 생각하기에 AI 시대에 프론트엔드 개발자로서 살아남기 위한 능력들을 나열해 보았습니다.

ChatGPT와 같은 AI 언어 모델로 작업할 때 프론트엔드 개발자는 사용할 수 있는 API와 SDK를 잘 이해하고 있어야 합니다. 예를 들어 OpenAI는 GPT 모델에 액세스하기 위한 REST API를 제공하고, Hugging Face는 트랜스포머 모델로 작업하기 위한 SDK를 제공합니다. 따라서 API로 인증하는 방법, API로 요청을 보내는 방법, REST API의 응답을 처리하는 방법을 알고 있어야 합니다.

프론트엔드 개발자는 기술적인 능력 외에도 강력한 디자인 능력과 사용자 경험UX 디자인 원칙에 대한 이해도 갖추고 있어야 합니다. 이는 ChatGPT와 같은 AI 언어 모델을 통합하는 대화형 UI를 만들 때 특히 중요합니다. 프론트엔드 개발자는 사용자가 자연스럽고 원활하게 AI 모델과 상호 작용할 수 있는 직관적이고 매력적인 사용자 인터페이스를 만들 수 있어야 합니다.

프론트엔드 분야에서 ChatGPT를 활용하면서 느낀 점은 'ChatGPT가 디자인은 잘 못한다'는 것입니다. 아주 기본적인 디자인조차도 잘 해내지 못합니다. 정렬도 직접 입력하지 않는 이상 제대로 해주지 않습니다. 버튼의 모서리도 둥글게 만드는 기본적인 디자인 감각이 없습니다.

02 ChatGPT를 프론트엔드로 사용하면서 느낀 점

디자인이란 개념은 상당히 추상적이기 때문에 ChatGPT가 디자인을 제대로 수행하는 것에 어려움이 있다고 생각합니다. 어떤 것이 좋은 디자인인지에 대한 학습이 제대로 이루어지지 않았기 때문에 생기는 문제인 것이죠.

다음 그림은 ChatGPT 기본 버전을 가지고 명령어를 준 웹 사이트 결과물입니다. '아름다운'이란 추상적인 개념을 이해하지 못하기 때문에 아주 기본적인 디자인만 주는 것을 볼 수 있습니다.

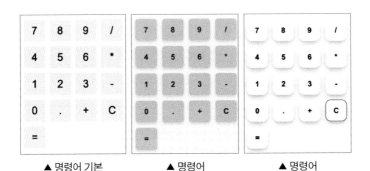

▲ 명령어 기본   ▲ 명령어   ▲ 명령어

Neumorphism이나 Glassmorphism과 같은 명확한 디자인을 정의할 수 있는 경우는 그나마 좋은 결과를 얻을 수 있었습니다.

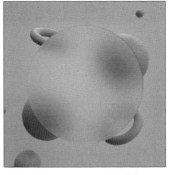

▲ Neumorphism 디자인　　　　　▲ GlassMorphism 디자인

물론, 디자인 역시 명확하게 요구하면 좋은 결과물을 받을 수 있습니다. '버튼의 모서리는 둥글게 해라' 혹은 '그림자는 어떻게 처리해라' 등 구체적으로 요구하면 좋은 결과를 얻을 가능성이 높습니다. 하지만 우리가 ChatGPT에게 원하는 것은 디테일한 요구를 하지 않아도 완성도 높게 나오는 결과일 것입니다.

ChatGPT를 사용하면 AI가 시각적 디자인이 아닌 텍스트를 생성하도록 학습되기 때문에 결과를 예측하기 어려울 수 있습니다. 일반적인 아이디어나 개념은 제공할 수 있지만 특정 디자인의 뉘앙스를 완전히 이해하지 못하거나 비전을 구체적인 제품으로 정확하게 번역하지 못할 수도 있습니다.

이렇듯 아쉬운 부분이 있지만 그럼에도 ChatGPT가 프론트엔드 개발자와 디자이너에게 유용한 도구가 될 수 있는 방법은 여전히 많습니다. 특성 기능을 하는 JavaScript 함수를 만드는 기능 주문은 완벽하게 해낼 경우가 많기 때문입니다. 또한 만들어진 코드를 최적화하는 과정 역시 일반적인 개발자가 하는 것보다 더욱 좋은 성능을 보여줍니다. 다른 도구나 기술과 마찬가지로, 그 한계를 이해하고 ChatGPT를 자신의 기술과 전문성을 보완하는 방식으로 사용하는 것이 중요합니다.

여 어떤 백엔드 개발자가 되어야 할까요?

백엔드 개발자는 기술적인 능력 외에도 강력한 문제 해결 능력과 분석 능력을 갖춰야 합니다. 이는 개발자가 복잡한 문제를 디버깅하고 모델의 성능을 최적화해야 하기 때문에 AI 모델 작업 시 특히 중요합니다. 다음은 제가 생각했을 때 AI 시대에 살아남기 위해 필요한 백엔드 개발자의 능력들을 나열해 보았습니다.

ChatGPT는 자연어 입력을 처리하고 이해하기 위해 자연어 처리 AI에 크게 의존합니다. 따라서 이를 백엔드 시스템에 효과적으로 통합하려면 기본적인 백엔드 능력에 자연어 처리 AI 도구와 기술에 대한 깊은 이해가 필수적입니다.

ChatGPT는 실시간으로 응답을 생성할 수 있으므로 백엔드 시스템은 확장성을 염두에 두고 설계해야 합니다. 시스템이 ChatGPT를 지원하는 데 필요한 트래픽 및 처리 능력 증가를 처리할 수 있는지 확인해야 합니다. 최신 클라우드 지식들을 학습하고 설계하는 능력이 중요합니다.

사용자 데이터를 처리하는 모든 시스템과 마찬가지로 보안은 최우선 순위가 되어야 합니다. 백엔드 시스템에 사용자 데이터를 보호하고 무단 액세스를 방지할 수 있는 적절한 보안 프로토콜이 마련되어 있는지도 확인해야 합니다.

ChatGPT는 지속적으로 학습하고 개선하는 머신 러닝 모델입니다. 백엔드 개발자는 머신러닝 및 자연어 처리의 최신 개발 동향을 파악하여 시스템이 최신 기술을 따라잡을 수 있도록 해야 합니다. 기존의 시스템에서 AI 시스템을 추가해도 돌아갈 수 있도록 만드는 백엔드의 설계 능력을 향상시킬 수 있도록 준비해야 합니다. 신입이라 어려울 수 있지만 코딩 실력은 AI에게 일부분 담당하게 하고, 최신 기술들을 즉각적으로 도입할 수 있는 설계 능력을 기르는 방향이 좋다고 생각합니다. 여기에는 텍스트 데이터를 AI 모델에 입력하기 전에 사전 처리하는 데 사용되는 토큰화, 형태소 분석, 엔티티 인식과 같은 기술이 포함됩니다. 또한 AI 모델을 훈련하고 배포하는 데 자주 사용되는 텐서플로, 파이토치 등의 머신러닝 및 딥러닝 프레임워크에 익숙해야 합니다.

ChatGPT는 다양한 팀 간의 협업이 필요한 복잡한 시스템이기 때문에 강력한 협업 기술이 필수적입니다. 데이터 과학자, 프론트엔드 개발자 및 기타 이해관계자들과 효과적으로 협력해서 시스템을 구성하는 복잡한 환경입니다. 여기에 AI까지 추가되어 복잡한 논리 과정을 말이 아닌 시퀀스 다이어그램 같은 시각적인 자료로 설득하는 역량이 중요하지 않을까 생각합니다.

04 ChatGPT를 백엔드로 사용하면서 느낀 점

ChatGPT로 fastapi와 express로 백엔드를 구성할 때는 제가 원하는 조건들을 입력하면 한 번도 실패해 본 적이 없었습니다. 간단한 로직을 순서대로 입력해 주면 제가 생각하지 못했던 방향으로 개발을 해줍니다. 이는 프론트엔드에서 어떤 동작을 하는 함수를 완벽하게 만들어주던 경험과 일치합니다. 심지어 복잡한 설계가 필요한 Queue 시스템 설계조차 완벽하게 조언을 해주는 것을 보고 놀란 적이 있습니다.

개인적으로는 백엔드 쪽에서 ChatGPT를 '업무에서 활용하기 굉장히 쉽다'고 생각합니다. 반면에 백엔드가 할 수 있는 일은 너무 대체가 쉽기 때문에 'ChatGPT로 대체 가능한 자원으로 분류가 되지 않을까'와 같은 걱정이 동시에 존재합니다.

ChatGPT의 사용성에서 백엔드의 생산성이 프론트엔드보다 높다는 점은 부인할 수 없을 것 같습니다. 다만 백엔드는 굉장히 복잡한 비즈니스 로직들이 존재하기 때문에 각 비즈니스 로직들을 고려한 복잡한 API 설계는 힘들 것 같습니다. 제가 테스트했을 때는 10개 이상의 로직을 고려한 설계를 부탁할 때, 종종 빼먹는 로직들이 존재했습니다. 최대한 세부적으로 복잡한 로직들을 독립적인 함수들로 만드는 설계를 해 본 결과, 굉장한 도움이 되었습니다.

이런 ChatGPT의 장점을 고려할 때 앞으로 Micro Service Architecture^{MSA}의 장점은 더욱 부각될 것 같습니다. 그래서 특성 기능만 수행하고 독립적으로 작업하는 서버리스나 함수형 프로그래밍은 더 발전할 것으로 예상됩니다. 복잡한 비즈니스 로직들을 쪼개고 독립적으로 만들어서 ChatGPT에게 독립적인 기능의 코딩만 요구한다면 백엔드의 생산성을 크게 증가시킬 수 있다고 생각합니다.

또한 백엔드는 모든 애플리케이션이나 시스템의 원활한 운영에 필수적인 인증, 보안, 데이터베이스 관리와 같은 작업을 처리하는 데 필수적입니다. 이러한 작업은 프로그래밍과 시스템 아키텍처에 대한 깊은 이해가 필요하며, 이는 자동화 도구로 대체하기 어려울 수 있습니다.

따라서 새로운 기술과 트렌드를 주시하고 그에 따라 자신의 기술과 전문성을 적절히 적용하는 것이 중요합니다. AI 및 자동화의 최신 개발 동향을 파악함으로써 워크플로를 간소화하고 생산성을 향상시킬 수 있는 기회를 찾을 수 있습니다. 동시에 백엔드의 고유한 가치와 기능을 인식하고 이 분야에 대한 기술과 지식에 지속적으로 투자하는 것이 중요합니다.

전반적으로 프론트엔드 개발자이든 백엔드 개발자이든 관계없이 최신 AI 기술에 대한 최신 정보를 파악하고 이 분야에 대한 기술과 전문성을 지속적으로 개발하는 것이 중요합니다. 그 과정을 통하여, ChatGPT와 같은 AI 언어 모델을 서비스에 통합하려는 비즈니스에 귀중한 자산으로 자리매김할 수 있습니다.

저는 Open AI의 REST API를 활용한 간단한 서비스들을 론칭해 보는 것이 가장 큰 도움이 될 것이라 생각합니다. 비용 최적화 문제는 아주 큰 이슈이며 너무 비싼 API이기 때문에 여러분들이 초기 설계부터 신경을 써야 합니다. 또한 API 응답시간이 느리기 때문에 프론트엔드와 백엔드 사이에서 어떻게 처리할지에 대한 설계를 고민해 보면 좋을 것 같습니다. 회사에서는 새로운 AI를 구축하기 위해 AI 엔지니어를 고용하는 대신 저렴한 API 사용을 적극적으로 고려할 것입니다. 여러분이 이를 즉각적으로 도입할 수 있는 개발자가 되도록 노력하는 것이 ChatGPT 시대에 살아남을 수 있는 방법이지 않을까 생각합니다.

이 책에서
어떤 것을 배울 수 있나요?

이 책은 크게 프론트엔드, 백엔드, 공통사항으로 나뉘어 있습니다. 각 파트별로 여러분에게 필요한 부분을 파악해 보시기 바랍니다. 다음의 내용은 이 책의 아주 간단한 목차입니다. 자세한 목차는 각 파트별로 따로 존재합니다.

1 프론트엔드와 백엔드 취직에 필요한 조건을 채용공고를 통해 인지한다.

2 프론트엔드 로드맵을 인지한다.

3 백엔드 로드맵을 인지한다.

4 웹 기초지식의 중요성을 이해하고, the odin project를 진행한다.

5 컴퓨터 전공지식에 대한 필요성을 인지하고, Harvard CS50로 준비한다.

6 REST API 사용과 설계의 중요성을 인지한다.

7 Git의 중요성을 인지한다.

8 코딩 테스트의 중요성을 인지하고, 효율적으로 준비한다.

9 기술 면접에 나오는 면접 질문들을 파악한다.

10 가독성이 높은 이력서를 작성하는 방법을 이해한다.

나는 프론트엔드? 백엔드?

웹 개발자가 되고 싶은 여러분은 프론트엔드와 백엔드 사이에서 고민하고 계실 겁니다. 아무래도 시장에서 가장 높은 수요를 가진 직업이 바로 프론트엔드와 백엔드 개발자이기 때문입니다.

23년 4월 기준, 사람인에서 프론트엔드 백엔드의 공고를 분석한 결과입니다.

여러분은 프론트엔드에 적합할까요? 아니면 백엔드에 적합할까요?

저와 함께 알아보시죠!

01 프론트엔드를 택할 때 고려할 점

여러분은 왜 직업으로 프론트엔드 개발자를 생각하고 계시나요?

예를 들어 '프론트엔드가 백엔드보다 쉽다'거나 '이직하기 쉬우니까'와 같은 이유로 프론트엔드를 생각하는 것이라면 한 번 더 고려해 보시기를 바랍니다. 이와 같은 이유로 프론트엔드를 선택했다면 오히려 더 고통스러울 수 있기 때문입니다.

최근 프론트엔드는 백엔드보다 배울 내용들이 많습니다. 1년 전에 배운 내용들은 쓸모가 없을 정도로 발전 속도가 매우 빠르기 때문입니다. 이제 'GraphQL'과 같은 기술로 백엔드의 일부를 프론트엔드가 대체하기 시작했고, 백엔드에 대해 해박하지 않아도 되었던 과거의 프론트엔드와는 상황이 달라졌습니다.

배포 방법 역시 서버에 배포하는 방법이나 파일 저장소에 배포하는 방법과 둘을 혼합해서 사용하는 방법 등 매우 다양해졌습니다. 또한 자동으로 빌드Continuous Integration, CI하고 자동으로 배포Continuous Delivery, CD하는 백엔드에 가까운 Devops 기술도 배워야 합니다.

클라우드 지식도 중요합니다. 최근에는 Server Side RenderingSSR이 유행이라 NextJS와 같은 프레임워크가 유행입니다. 따라서 AWS EC2의 배포와 같은 백엔드에서 요구되는 역량들을 프론트엔드 쪽에서도 요구하고 있습니다.

이쯤되니 경계가 모호해지고 있다는 생각도 듭니다. 또한 React 역시 React Server ComponentRSC라는 개념이 생겼고 여러분은 Client Side RenderingCSR과 RSC를 섞어서 배포해야 하는 어려운 상황에 처해있습니다.

협업과 소통 기술은 필수입니다. 프론트엔드 개발자는 PM, 기획자, 디자이너 및 백엔드 개발자와 같은 다른 팀원들과 협력하여 프로젝트에 생명을 불어넣어야 합니다. 서로의 역할을 간섭해야 할 때도 있고, 다양한 일정이 존재하다 보니 일정 조율에서 트러블이 나기 마련입니다. 원만한 인간관계와 신뢰도를 쌓는 과정이 필요하기 때문에 이런 협업이나 소통에 익숙하지 않다면 고려해 보시기 바랍니다.

만약 디자인 쪽에 흥미가 없다면 꽤 어려운 상황에 처할 수도 있을 거라고 생각합니다. '프론트엔드는 JavaScript만 만들고 나머지는 퍼블리셔가 해주겠지'와 같은 생각은 대한민국에서만 적용됩니다. 해외에는 퍼블리셔란 개념이 없습니다. 결국은 프론트엔드가 모두 해야 하며 여러분이 디자이너 대신 Figma를 직접 다뤄야 하는 상황이 올 수도 있습니다. 그렇기 때문에 디자인에 흥미가 없으신 분이라면 다시 한번 프론트엔드를 고민해 보시기 바랍니다.

혹시 인터랙티브한 디자인의 화려한 웹 페이지를 보신 적 있으신가요? 최근에는 애플 홈페이지와 같은 디자인을 만들기 위해 노력하는 회사들이 증가하고 있습니다. 하드웨어의 발달로 인터랙티브한 기능을 추가해도 오류 없이 잘 작동하기 때문입니다. 이때 자주 활용되는 three.js, framer-motion과 같은 라이브러리를 사용하려면 수학적인 지식도 있어야 합니다.

이렇듯 프론트엔드가 되기 위해서는 굉장히 많은 지식을 요구하고 있다는 것을 알 수 있습니다.

정리하자면, 만약 여러분이 프론트엔드를 선택한 이유가 단순히 '백엔드보다 쉬워보여서'라면 위의 트렌드를 보고 다시 한번 고려해 보시기 바랍니다.

여러분은 왜 직업으로 백엔드 개발자를 생각하고 계시나요?

'프론트엔드보다 일반적으로 연봉이 높으니까' 혹은 '여러 사람과 소통하는 게 어려운 성격이라서'와 같은 이유라면 다시 한번 고려해 보시기 바랍니다. 마찬가지로 이와 같은 이유로 백엔드 개발자를 선택한다면 오히려 고통스러울 수 있기 때문입니다.

백엔드 개발자로 일할 때 가장 큰 어려움 중 하나는 자신의 성과를 홍보하기 어렵다는 점입니다. 눈에 보이는 결과를 만들어내는 프론트엔드 개발자의 업무와 달리 백엔드 개발자의 업무는 눈에 잘 띄지 않는 경우가 많습니다. 그렇기 때문에 동료와 상사에게 자신의 업무를 인정받고 가치를 인정받기 위해서는 사내 정치 능력이 필요합니다.

특히 팀의 일원으로 일하는 경우 자신의 성과를 질적 또는 양적으로 표현하기 어렵습니다. 더욱이 백엔드 개발자의 업무는 협업으로 이루어지는 경우가 많기 때문에 개인의 기여도를 측정하기 쉽지 않습니다.

또한 갑작스러운 유저 수의 증가로 서버에 부하가 걸리는 경우나 예기치 않은 문제를 해결하기 위해 밤을 새워 작업하는 경우도 있어 스트레스가 많고 힘들 수 있습니다. 매년 1월 1일이나 마케팅 관련 이벤트를 진행할 시기의 백엔드 개발자들은 바로 대응해야 하기 때문에 늦은 시간에 작업을 해야 할 때도 많습니다.

복잡한 에러 처리로 인한 서버에 문제가 생기는 경우가 빈번합니다. 이에 모든 책임은 해당 기능을 만든 나에게 존재합니다. 많은 코드가 서로 독립적이지 않고 시각적으로 표현되지 않는 문제점으로 인해 에러 처리는 힘들고, 어렵게 고쳐도 그것이 당연하다는 사람들의 인식에 여러분의 성과를 보장받기 어렵습니다.

이러한 어려움에도 불구하고 백엔드에서 일하는 것은 매우 보람된 일입니다. 창의적인 문제 해결 능력, 세심한 주의력이 요구되는 복잡하고 기술적으로 까다로운 프로젝트에서 일할 수 있는 기회를 갖게 됩니다.

정리해 보면 백엔드에서 경력을 쌓는 것을 고려할 때는 자신이 어떤 사람인지, 그리고 이러한 유형의 업무가 자신에게 적합한지 생각해 보는 것이 중요합니다. 기술적인 문제를 해결하고, 독립적으로 또는 팀의 일원으로 일하는 것을 즐기며, 업무의 잠재적인 스트레스와 도전에 익숙하다면 백엔드 개발자는 여러분의 적성에 맞는 좋은 직업이 될 수 있습니다.

Part

1

프론트엔드 개발자

장
프론트엔드 로드맵 - 타임라인

[필수] 빠른 취업을 위한 타임라인

해당 표는 순서대로 학습하는 것을 전제로 만들었습니다. 위에서 아래로 학습하시면 됩니다.

FRONTEND
TIMELINE

	타임라인 24w(주)									
The odin project	5w									
ReactJS 튜토리얼		1w								
Harvard CS50			5w							
ReactJS+MUI				1w						
배포 전략 1					1w					
배포 전략 2						1w				
Harvard CS50 web(option)							5w			
aws serverless REST API 설계								1w		
업비트 api serverless로 만들기									1w	
ReactJS+MUI+D3js+로그인+redux										3w

▲ 프론트엔드 기본 타임라인

해당 로드맵으로 학습한다면 다음과 같은 장점들이 존재합니다.

프론트엔드 로드맵 장점

01 구조화된 학습

02 포괄적인 범위

03 실습을 통한 학습

04 점진적인 난이도

05 자기 주도적 학습

01 구조화된 학습

해당 로드맵은 프론트엔드 개발 학습을 위한 명확한 구조를 제공합니다. 로드맵은 프론트엔드 개발의 다양한 영역을 특정 스킬과 기술로 세분화하여 한 번에 한 가지에 집중하고 지식을 점진적으로 쌓을 수 있도록 도와줍니다.

02 포괄적인 범위

이 로드맵에는 HTML과 CSS부터 React와 Redux에 이르기까지 광범위한 프론트엔드 기술과 스킬이 포함되어 있습니다. 이를 통해 프론트엔드 개발에 대한 균형 잡힌 교육을 제공하고 다양한 프론트엔드 개발 역할에 대비할 수 있습니다.

03 실습을 통한 학습

로드맵에는 실제 애플리케이션을 구축하거나 실제 문제를 해결하는 여러 프로젝트와 과제가 포함되어 있습니다. 이를 통해 배운 내용을 적용하고 배포까지 완료한다는 점에서 장점이 존재합니다. 또한 Open API를 활용하기 때문에 백엔드 서버가 없어져서 포트폴리오를 사용하지 못하는 상황을 방지할 수 있습니다.

04 점진적인 난이도

로드맵은 기본 HTML과 CSS에서 React 및 Redux와 같은 고급 기술까지 진행됩니다. 이를 통해 점진적으로 실력을 쌓아나가면 초반에 어려운 개념에 압도당하거나 낙담하지 않을 수 있습니다.

로드맵은 자기 주도적으로 학습할 수 있도록 설계되었기 때문에 자신의 속도에 맞춰 학습하고 사용할 리소스를 선택할 수 있습니다. 그렇기 때문에 자기 주도적 학습을 선호하거나 부트캠프에 참석할 수 없는 사람들에게 유용할 수 있습니다.

해당 표는 순서대로 학습하는 것을 전제로 만들었습니다. 위에서 아래로 학습하시면 됩니다.

FRONTEND
TIMELINE

	타임라인 7w(주)					
Docusaurus 포트폴리요	1w					
Docusaurus + algolia		1w				
Docusaurus + pwa			1w			
Docusaurus + Google Analytics				1w		
Docusaurus + typescript					2w	
Docusaurus + i18n						1w

▲ 프론트엔드 로드맵 심화

Docusaurus는 문서를 작성하고 정리할 수 있는 간단하고 직관적인 프레임워크를 제공하기 때문에 오픈소스 프로젝트를 문서화하는 데 탁월한 선택입니다. 또한 마크다운을 포함한 다양한 문서 형식을 지원하므로 쉽게 시작할 수 있습니다. 다양한 사용자 지정 옵션을 제공하므로 프로젝트 스타일에 맞게 문서의 모양과 느낌을 쉽게 조정할 수 있습니다.

프론트엔드 최신 기술

01 검색기능 Algolia

02 PWA, Progressive Web Application

03 Google Analytics

04 TypeScript

05 I18N

01 Algolia

Docusaurus에 통합된 Algolia는 사용자가 필요한 정보를 빠르게 찾을 수 있도록 도와주는 강력한 도구입니다. 검색 기능은 elasticsearch와 같은 검색용 서버를 만들어야 하는 번거로움이 존재합니다. 서버 비용은 별도로 청구되기 때문에 웹 사이트에 검색 기능 추가는 비용적으로 문제가 존재합니다. Algolia를 사용하면 무료 사용량 내에서 문서 내 검색이 가능하여 사용자의 시간과 불편을 크게 줄일 수 있습니다. 또한 Algolia는 Docusaurus와 함께 매우 쉽게 설정하고 사용할 수 있으므로 이 기능을 바로 활용할 수 있습니다.

02 PWA

프로그레시브 웹 앱PWA은 사용자가 웹 사이트에 더 쉽게 접근하고 편리하게 사용할 수 있는 좋은 방법입니다. 사용자가 다양한 기기와 플랫폼에서 웹 사이트를 다운로드하여 사용할 수 있도록 허용함으로써 PWA는 더 많은 잠재 고객에게 도달하고 사용자 경험을 개선하는 데 도움이 될 수 있습니다. Docusaurus는 PWA를 만드는 방법과 PWA가 제공하는 혜택 등 PWA에 대한 유용한 정보를 많이 제공합니다.

03   Google Analytics

Google Analytics는 웹 사이트 실적에 대한 인사이트를 얻을 수 있는 강력한 도구입니다. Google Analytics를 사용하면 사용자 참여도, 트래픽 소스, 전환율과 같은 중요한 지표를 추적하여 사이트를 개선하는 방법에 대한 정보에 입각한 결정을 내릴 수 있습니다. 처음 시작할 때 반드시 Google Analytics를 사용해야 하는 것은 아니지만, 성공을 위해 최적화하려는 서비스나 웹 사이트를 구축하는 경우에는 고려해 볼 가치가 있습니다.

04   TypeScript

TypeScript는 JavaScript에 추가적인 기능을 더했기 때문에 프론트엔드 개발에 널리 사용됩니다. 타입스크립트는 처음에는 배우기 어려울 수 있지만, Docusaurus와 같은 간단한 사이트에서 연습하면 언어와 구문에 익숙해지는 데 도움이 될 수 있습니다. 또한 Docusaurus는 문서용으로 설계되었기 때문에 실제 상황에서 TypeScript를 연습하기에 완벽한 환경을 제공합니다.

국제화[i18n]는 전 세계 사용자에게 도달하는 것을 목표로 하는 모든 웹 사이트나 프로젝트에서 중요한 고려 사항입니다. Docusaurus는 i18n을 강력하게 지원하므로 여러 언어로 된 문서를 쉽게 만들고 관리할 수 있습니다. Docusaurus의 i18n 기능을 사용하면 언어나 위치에 관계없이 모든 사용자에게 보다 포괄적이고 접근하기 쉬운 환경을 만들 수 있습니다.

결론적으로

Docusaurus는 오픈소스 프로젝트를 문서화하고자 하는 모든 이들에게 환상적인 리소스입니다. 사용자 친화적인 React 프레임워크, 최신 문서화 기법 지원, 사용자 정의 옵션을 갖춘 Docusaurus는 문서를 정리하고 가벼운 문서 기반 내용을 정리하기 위한 훌륭한 출발점을 제공합니다.

[참조] 초보자를 위한 프론트엔드 로드맵

Part 1 프론트엔드 개발자

문제점

웹 개발은 복잡한 분야이며, 초보자와 주니어 개발자가 배워야 할 정보와 기술의 양이 너무 많아 부담스러워하는 경우가 많습니다. 웹 개발 로드맵은 웹 개발에 능숙해지고자 하는 사람들에겐 매우 유용한 리소스이지만, 초보자가 탐색하기에는 어려울 수 있습니다.

웹 로드맵이라는 자료를 많은 블로거나 유튜버들이 언급합니다. 그러나 이 자료는 초보자 또는 주니어에게는 너무 방대하기 때문에 어려울 수 있습니다. 제가 진행한 유튜브 온라인 라이브에서도 많은 사람이 '웹 로드맵을 참고하는데 방대한 양에 겁을 먹었다'라고 합니다.

시니어, PM 그리고 멘토라는 사람들은 개발을 처음 배우거나 익숙하지 않은 사람에게 잘 정제되고 간단하면서 가시성이 좋은 효율적인 로드맵을 제공해야 합니다.

1장 프론트엔드 로드맵 - 타임라인 33

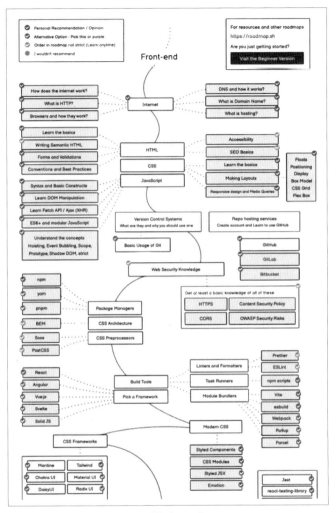

▲ 시중의 로드맵

출처: roadmap.sh

제가 생각하는 간단하지만 필수적인 부분만 여러분에게 제공해 드립니다.

아래의 로드맵은 프론트엔드 엔지니어의 취업에 꼭 필요한 내용들만 시각적으로 정리한 자료입니다. 취업시장에서 가장 필수적인 5가지를 기반으로 만들었습니다.

Frontend Roadmap

HTML CSS Javascript
취업시장 1순위 부터 시작하세요

Git 경험해보기
취업시장의 우선순위인 Git을 놓칠수 없습니다.

ReactJS 경험하기
취업시장 1순위 부터 시작하세요

UI/UX에 대한 이해
Grid/Flex 에 대한 이해와 MUI 에 대한 경험을 해보세요.

사이드프로젝트
취업시장에서 협업능력을 보여주기 위해 팀원들과 사이드프로젝트를 진행하세요

▲ 초보자를 위한 프론트엔드 로드맵

HTML, CSS 숙련도

HTML 및 CSS는 웹 개발의 구성 요소입니다. CSS를 잘 이해하고 잘 사용해야 디자이너가 요구하는 디자인을 바로 만들 수 있습니다. 또한 요즘은 반응형 웹 페이지가 유행이라서 Flex와 Grid에 대한 깊이 있는 이해가 필요합니다.

JavaScript에 대한 깊은 이해

깨끗하고 효율적인 프론트엔드 코드를 작성하기 위해서는 JavaScript에 대한 깊은 이해가 있어야 하며, 주요 라이브러리들의 사용법을 알아야 합니다.

뛰어난 커뮤니케이션 및 협업 기술

프론트엔드 개발 업무는 기획과 디자이너와 함께 일하는 경우가 많습니다. 하나만 수정해도 기획자와 디자이너와의 합의가 필요합니다. 그래서 강력한 커뮤니케이션 및 협업 기술이 필수적입니다. 실제로 기획자와 디자이너의 일을 경험해 보는 방법으로 저는 더 좋은 소통을 할 수 있었습니다.

React 익숙함

Meta에서 유지 보수하고 실제 사용하는 React는 이제 프론트엔드에서 핵심입니다. 기존의 경쟁자인 앵귤러^{Angular}와 뷰^{Vue}는 이제 점유율이 줄어들고 있습니다. React가 계속 변화하고 RSC 같은 새로운 개념을 제공하면서 앵귤러와 뷰가 뒤처지고 있습니다. 그로 인해 React의 점유율이 더 올라가고 있는 것 같습니다. 실제 취업 공고에서도 React만을 요구하는 회사들도 많습니다.

Git에 대한 이해

Git과 같은 버전 관리 시스템은 개발자들이 코드에 대한 협업과 시간에 따른 변경 사항을 추적할 수 있게 도와줍니다. 여러분은 Git에 익숙해야 하며 브랜치^{branch}를 나누는 방법과 코드 병합^{merge}과 같은 기본적인 Git 명령어 개념을 이해해야 합니다.

개발에 대한 성장 욕구가 강한 분

성장 욕구는 사실 숫자와 데이터로 표현하기 어려운 부분입니다. 1일 1커밋이나 Today I Learn^{TIL}을 작성하는 것으로 성장 욕구를 판단할 수 있습니다. 다만 이것들을 작성한다고 좋은 개발 능력을 가지는 것은 아닙니다. 면접관 입장에서는 성장 욕구와 잠재 능력을 숫자로 파악하기 어렵습니다. 그것보다 프로젝트를 만들면서 생긴 문제점들에 대한 깊이 있는 분석 능력을 갖추는 것이 더 중요하다고 생각합니다.

UI/UX에 대한 이해

프론트엔드 개발자는 디자이너와 밀접한 관계를 가지고 있습니다. 디자이너가 제공하는 디자인에 소요시간을 파악해야 합니다. 어려운 디자인은 시간이 오래 걸리기 때문에 일정을 고려하여 쉬운 디자인으로 대체하는 방안을 제시해야 할 필요도 존재합니다. 또한 반응형으로 개발할 시 데스크톱과 모바일의 차이점으로 인해 생길 수 있는 개발 지연도 고려해야 합니다.

정리하자면, 웹 로드맵에서 제공하는 프론트엔드 로드맵은 너무 양이 방대하여 초보자들이 겁을 먹기 쉬운 복잡한 그림으로 구성되어 있습니다. 최신 공고의 기본사항과 빈도가 높은 우대사항을 위주로 준비해야 합니다. 기본적으로 Git, HTML, CSS, JavaScript, Flex, Grid 그리고 소통 기술 같은 필수적으로 준비해야 하는 부분들을 고려해서 일정에 맞게 준비하도록 노력하세요.

②장
프론트엔드 신입 채용 조건

실제 사람인 사이트에서 언급된 프론트엔드 신입 취직 조건 들을 살펴보겠습니다. 이를 통해 여러분들은 프론트엔드에 취직 하기 위해 준비해야 할 사항들을 명확하게 이해할 수 있습니다.

사람인에 올라온 10개 회사의 신입 프론트엔드 채용 조건을 확인해 보았습니다. 해당 회사들은 최신순으로 정렬해서 검색했 습니다. 규모가 큰 회사[1,000명 이상], 중간급 회사[100~1,000명], 작은 회사[100명 이하]로 구분해서 조사를 진행했습니다.

해당 자료는 기본사항과 우대사항으로 구분했습니다.

기본사항은 해당 공고에 지원하기 위해서 기본적으로 필요 한 항목으로, 취업을 목적으로 할 경우 갖춰야 할 필수사항입니 다. 보통 개발에 대한 열정과 기본 지식을 확인하는 간단한 사항 들이 적혀있습니다. 이 중에서 빈도 순으로 중요도를 확인하시 고 나의 커리어에 맞춰 하나씩 채워가길 바랍니다.

조건	빈도	종류	설명
HTML/CSS/JavaScript	9	기본	
기획/디자인 다양한 직군과의 원만한 협업이 가능하신 분	5	기본	
React에 경험이 있으신분	4	기본	
Git 사용	3	기본	
개발에 대한 성장 욕구가 강하신분	3	기본	
UI/UX에 대한 이해 (PC/Mobile)	3	기본	
주도적인 업무가 가능하신분	2	기본	
웹 성능 최적화 경험이 있으신 분	1	기본	
코드 품질에 대한 고민과 새로운 기술에 두려움이 없으신 분	1	기본	
REST API 를 활용한 개발 경험	1	기본	

우대사항은 옵션입니다. 필수는 아니지만 채워 넣으면 좋은 부분들이며, 이는 회사마다 원하는 사항이 다릅니다. 아래 표를 보면서 어떤 부분들을 채워 넣어야 내 취업역량이 향상될지 판단해 보세요. 그리고 면접에서 어떤 부분들을 강조할지를 파악하여 준비할 수 있습니다. 다음 표는 여러분의 강점과 약점을 파악할 수 있는 지표입니다.

우대사항

조건	빈도	종류	설명
React 웹 프레임워크 경험자	4	우대	
서비스를 시장에 출시하고 운영한 경험	3	우대	
JavaScript에 대한 깊은 이해	2	우대	
React-Query 사용 경험이 있으신 분	2	우대	
NextJS 사용 경험이 있으신 분	2	우대	추천합니다
스타트업/인턴 경험자	2	우대	추천합니다
컴퓨터 전공자	2	우대	
Figma로 협업 경험	2	우대	추천합니다
Typescript 사용 경험	2	우대	추천합니다
테스트 배포 프로세스에 대한 깊은 이해	1	우대	
Backend 시스템에 대한 이해도가 높으신 분	1	우대	
결제 시스템 연동, 구축 경험	1	우대	가능하다면 BEST
코드 리뷰를 즐기시는 분	1	우대	
GraphQL 경험자	1	우대	
ReactNative로 개발해 본 경험	1	우대	
Redux, ContextAPI 사용 경험	1	우대	추천합니다
기획서 분석에 능숙하신 분	1	우대	
범용성을 고려한 UI 컴포넌트 설계와 개발에 능숙하신 분	1	우대	
AWS, Azure 등 Public Cloud를 사용해 봤거나 관련 개발 경험이 있으신 분	1	우대	
CI/CD 도구의 활용 경험이 있으신 분	1	우대	추천합니다
Firebase를 사용 경험	1	우대	
영어 가능자	1	우대	

③장 프론트엔드 로드맵 자세히 알아보기

01 The odin project

(참고 링크)

개요

가장 먼저 'The odin project'를 추천드립니다.

웹을 가장 쉽고 빠르게 배울 수 있는 방법입니다. 오딘 프로젝트는 무료 오픈소스 리소스이므로 인터넷에 연결되어 있는 사람이라면 누구나 액세스할 수 있습니다.

커리큘럼은 포괄적이며 HTML 및 CSS 기초부터 React 및 풀스택 개발과 같은 고급 주제까지 다양한 주제를 다룹니다. 커리큘럼에 포함된 프로젝트는 도전적이고 실용적으로 설계되어 학생들이 실제 애플리케이션을 구축할 수 있는 기회를 제공합니다.

해당 강의는 보는 것에서 끝나는 영상 방식이 아닌, 직접 따라 하면서 배우는 방식의 강의입니다. 그렇게 때문에 스스로 공부 속도를 맞춰가며 공부할 수 있는 것이 큰 장점입니다. 개인적으로 'Learn by doing it'이라는 문구를 좋아하는데 빠르게 코딩을 배울 수 있는 방법이라 생각합니다. 오딘 프로젝트는 이 말이 가장 잘 어울리는 과정이 아닐까 생각합니다.

커리큘럼은 주로 영어로 진행되지만, 번역 도구와 커뮤니티 지원 등 비원어민도 이용할 수 있는 리소스도 마련되어 있습니다. 영어 실력이 부족하다면 구글번역기/파파고/DeepL를 활용하여 학습하는 것도 문제가 없습니다. 오딘 프로젝트에는 학습자와 멘토로 구성된 지원 커뮤니티가 있어 커리큘럼을 진행하는 동안 피드백과 가이드를 제공할 수 있습니다.

오딘 프로젝트는 그 역할에 가장 적합한 웹을 배우는 기술입니다. 영어로 되어 있어 접근성이 떨어지지만 추천하는 이유는 오랜 시간 해외에서 검증된 웹 공부 방법이기 때문입니다. 한국의 여러 웹 강의가 있지만 확률적으로 해당 강의가 더 좋은 퀄리티를 보장합니다.

또한 오딘 프로젝트는 풀스택 JavaScript 트랙을 제공하기 때문에 JavaScript 기반 웹 개발을 전문으로 하고자 하는 사람들이 더욱 관심을 가질 수 있습니다.

오딘 프로젝트의 커리큘럼을 완료하면 프로젝트 포트폴리오를 구축하고 잠재적인 고용주에게 자신의 기술을 보여줄 수 있는 좋은 방법이 될 수 있습니다.

전반적으로 오딘 프로젝트는 웹 개발 학습에 있어 높은 평가를 받고 있는 리소스이며, 프론트엔드 개발 분야에서 경력을 쌓고 싶은 분들에게 훌륭한 출발점이 될 것입니다.

신뢰성

The odin proeject는 비전공자에서 시작한 해외 개발자 유튜버들이 freecodecamp와 더불어 추천하는 강의입니다.

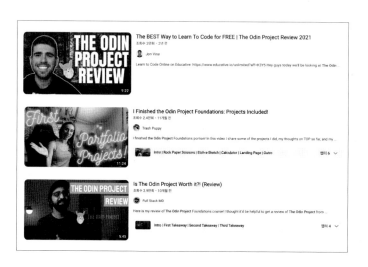

기본적으로 HTML, CSS, JavaScript에 대한 기초와 Git과 React와 같은 심화도 존재합니다. NodeJS와 getting hired 강의도 있는데 프론트엔드에게는 해당 강의는 필수는 아니고 옵션입니다.

자세한 목차는 다음과 같습니다. 프론트엔드 개발자로 취업을 고민하시는 분들에게 중요도가 떨어지는 부분들은 option으로 표기했습니다.

1 HTML

2 CSS

3 Forms

4 Grid

5 JavaScript

6 JSON

7 Async Await

8 CS지식

9 Git

10 React

11 Test Driven Development

12 JavaScript and Backend

13 Final Project

14 Advanced HTML and CSS

15 (option) NodeJS

16 (option) Getting Hired

앞서 말했듯이 오딘 프로젝트는 그대로 따라하면서 배울 수 있는 강의입니다. 여러분의 공부 속도에 맞춰 공부를 빠르게 또는 느리게 도전할 수 있습니다. 다음은 해당 홈페이지의 화면을 튜토리얼과 같이 간략하게 정리한 자료입니다.

❶ 첫 메인 페이지에서 'View Full Curriculum'을 클릭해 보세요.

Your Career in Web Development
Starts Here

Our full stack curriculum is free and supported by a
passionate open source community.

❷ 'Full stack JavaScript' 강의를 선택해 주세요.

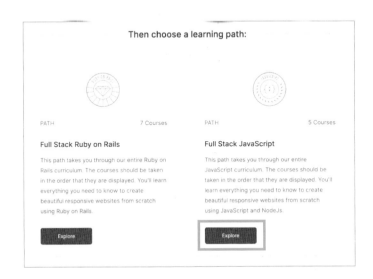

❸ Full Stack JavaScript를 클릭하면 코스가 나옵니다.
맨 처음의 'intermediate HTML and CSS'를 클릭해
주세요.

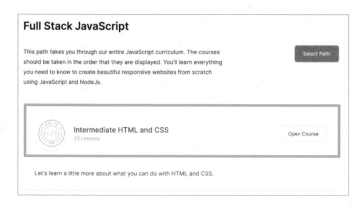

❹ 코스별로 레슨이 존재하는 것을 확인할 수 있습니다.

⑤ 번역이 필요하다면 번역을 하면서 각 레슨에 대한 정보들을 스스로 익힐 수 있습니다. 프로젝트의 문서를 하나씩 따라 하시면 웹에 대한 기초가 생기실 겁니다.

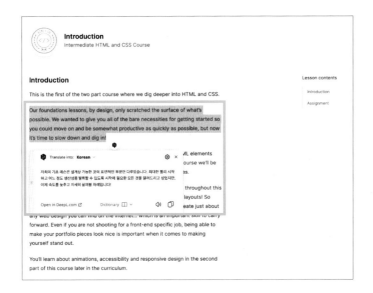

영어가 어려우신 분들은 크롬의 구글 번역 익스텐션을 다운로드해서 사용하면서 따라 해보세요. 강의가 아니라 문서로 되어있어 여러분의 속도에 맞춰서 공부할 수 있습니다.

구글 번역 크롬 익스텐션 링크:

(설치 링크)

React 튜토리얼 공부하기

(최신 자료)

(과거 자료)

왜 React를 선택해야 할까요?

사람인에 올라온 채용공고 기준 React는 1,730개, 반면 Vue 는 970개로 거의 두 배의 차이가 존재합니다. 물론 그렇다고 해

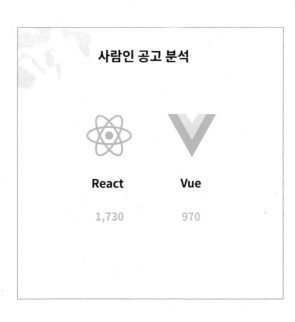

서 Vue의 채용공고가 적은 것은 아니지만 처음 선택한다면 당연히 공고가 많고 기회가 많은 기술을 택하는 방법이 좋다고 생각합니다.

또한 React는 Vue와는 다르게 JavaScript의 기본 문법을 사용합니다. Vue를 잘하면 JavaScript를 잘한다고 이야기하기는 조금 어렵습니다. 왜냐하면 Vue가 지정해 준 문법만을 사용하니까요. 하지만 React를 잘하면 JavaScript를 잘할 가능성이 높습니다. 여러분은 프론트엔드 개발자로 JavaScript를 잘해야 하기 때문에 React를 잘하는 것은 꽤 유용합니다. 그렇기 때문에 최근 취업시장에서도 React 취업 기회가 확장되고 있어, React를 공부해야 합니다.

공부 방법

React를 빠르게 공부하는 방법으로 React의 홈페이지에서 튜토리얼대로 할 것을 추천드립니다.

여러분이 React에 대해서 모른다 하더라도 튜토리얼을 통해 React를 배울 수 있습니다. 저는 튜토리얼을 완료하는 데에 하루가 걸렸으며, React의 대부분의 기능들과 라이프 사이클에 대해서 배울 수 있었습니다.

Codesandbox에서 제공하는 기능 중 하나인 실시간 코드의 결과물을 보여주는 기능을 사용해서 여러분들이 실시간으로 React 코드의 변형을 배우고 따라 해볼 수 있습니다. Meta에서 신경쓰고 만든 문서니까 꼭 시작을 튜토리얼로 해보시길 바랍니다. 여러분도 금방 따라할 수 있습니다.

배울 수 있는 것

준비물은 Codesandbox입니다. React 튜토리얼은 Codesandbox에서 돌아가기 때문에 준비가 필요합니다. Codesandbox는 내 컴퓨터에 개발 환경설정을 하지 않고 바로 실시간 결과물을 볼 수 있다는 장점이 존재합니다.

앞으로도 codesandbox로 많은 개발을 할 수 있으니 계정은 만드는 것을 추천드립니다. 물론 비회원으로도 사용은 가능합니다.

과거 링크의 틱택토 튜토리얼은 class component를 위주로 작성되어 있습니다.

▲ 과거 틱택토

현재 링크의 틱택토 튜토리얼은 functional component로 작업되어 있습니다.

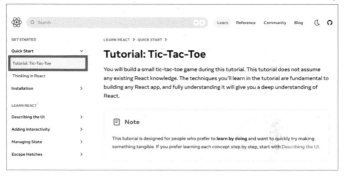

▲ 현재 틱택토

혹시나 두 개의 차이점을 공부하고 싶으신 분들은 두 링크를 참고·비교해 보세요. class component에서 functional component로 바뀌게 된 배경을 이해하는 데에 도움이 됩니다.

요즘은 functional component로 작업을 많이 합니다. 따라서 되도록이면 현재 링크의 틱택토 튜토리얼로 공부하시길 추천 드립니다.

03 Harvard CS50

개발자에게 필요한 컴퓨터 과학^{CS, Computer Science}의 전공지
식에 대한 기초도 쌓아야겠죠?

하버드 대학의 데이비드 말란^{David J. Malan} 교수가 제공하는
CS50 강의는 전 세계적으로 유명합니다. Free 코스가 있고 강의
를 수료했다는 증명서도 발급되므로 여러분도 도전해 보는 것을
추천드립니다.

왜 들어야 할까요?

해당 강의는 하버드의 CS 비전공자들을 대상으로 만든 코
스입니다. 그리고 매년 꾸준히 업데이트가 되고 있습니다. 저도
듣고 있는데 python이라는 배우기 쉬운 언어를 채택하고 있고
최신 프레임워크에 속하는 Flask도 다루고 있어서 많은 도움이
될 것입니다.

한국어로 번역된 사이트들도 존재하지만 최신 자료는 번역이 안 되어 있기 때문에 불편하시더라도 edx 사이트에서 영상을 보시길 권장합니다. 또한 과제도 있기 때문에 공부를 제대로 하시려면 edx에서 공부하시길 바랍니다.

영어가 어려워요

영어가 어려운 분들에게는 한국에서 번역을 해준 사이트가 존재합니다. 하지만 아쉽게도 오래된 자료들이 많기 때문에 최대한 영어 공부를 병행하면서 진행하는 것을 추천드립니다. 개발자는 영어자료에 익숙해져야 합니다. 부득이한 경우가 아니라면 꼭 edx 사이트에서 공부하시길 바랍니다. 그리고 해당 코스로 듣는 자격증은 edx에서 받는 자격증과는 다른 자격증입니다.

한국어 번역 사이트

(번역 사이트1)

(번역 사이트2)

❶ https://www.edx.org에 접속한 뒤 검색칭에 'CS50'을 검색합니다.

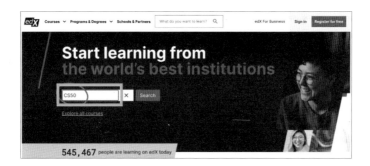

❷ 전구가 있는 강좌를 선택해 등록하세요.

'CS50's introduction to computer science'

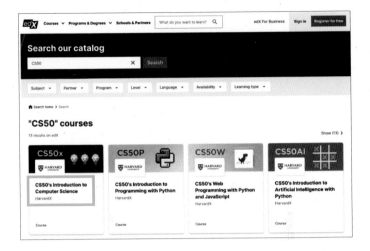

❸ 회원가입 후 로그인을 진행합니다.

❹ Enroll 버튼으로 강의를 들을 수 있습니다.

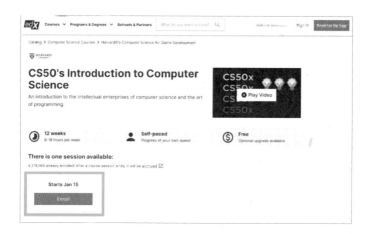

영어가 익숙하지 않을 때

영어가 익숙하지 않으시다면 영상의 자막과 스크립트를 확인할 수 있는 방법이 있으니 확인해 보세요.

2020년도 Harvard CS50 강의에 대해 간단히 정리한 한국인 블로거가 있어서 링크를 공유합니다.

링크: odanttoi 님의 티스토리 블로그

유뷰브 구독사님께서 엉어를 한국어로 실시간으로 빈역힐 수 있는 좋은 정보를 주셨습니다. 기호에 맞게 사용하시면 좋을 것 같습니다.

모바일 - 안드로이드

스마트폰에서 Harvard CS50 영상을 다운로드하고 'MX플 레이어' 앱에서 AI 자막 번역하면 한글로 공부할 수 있습니다. - kkap0009님

인증서(무료)

edx에서 강의를 완료하면 메일로 인증서 관련 메일이 전송 됩니다. 해당 양식들을 포맷에 맞게 작성하신다면 다음과 같은 인증서를 무료로 받아보실 수 있습니다. 이력서에도 도움이 될 지는 모르겠지만 첨부할 수 있습니다.

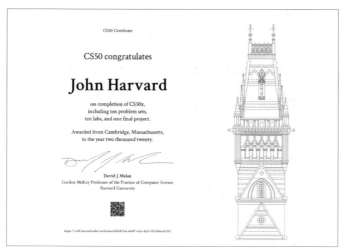

▲ Harvard CS50 인증서

React를 the odin project에서 맛을 봤으니 디자인과 함께 실제 사용을 해봐야겠죠? 디자인은 아주 편하게 사용 가능하고 유명한 MUI 라이브러리로 만들어봅시다. 실무에서는 MUI 디자인을 사용하지 않을 수 있지만, 정말 유명한 라이브러리이기 때문에 사용해 보시는 것을 권장합니다.

Material UI의 약자로 React 진영에서 디자인 라이브러리 1
등을 차지하는 라이브러리입니다. Google의 Material 디자인 가
이드라인을 구현하고 있습니다. Material 디자인은 깔끔하고 모
던한 디자인을 강조하는 Google에서 개발한 디자인 언어입니
다. MUI는 아름답고 반응이 빠른 UI를 빠르게 빌드하는 데 사용
할 수 있는 사전 빌드된 React 컴포넌트를 제공합니다.

버튼 외에도 MUI는 텍스트 필드, 드롭 다운, 탐색 메뉴와 같
이 미리 빌드된 다양한 구성 요소를 제공합니다. 이러한 컴포넌
트를 사용하면 많은 코드를 작성하지 않고도 복잡한 UI와 고품
질의 반응형 사용자 친화적인 인터페이스를 빠르게 구축하는 데
사용할 수 있습니다.

Material-UI의 주요 이점 중 하나는 테마 시스템으로, 사전
정의된 색상 팔레트를 사용하거나 자신만의 사용자 지정 테마를
만들어 애플리케이션의 모양과 느낌을 쉽게 사용자가 지정할 수
있습니다. 전반적으로 Material-UI는 강력하고 유연한 UI 라이
브러리로, React 애플리케이션을 위한 아름답고 기능적인 사용
자 인터페이스를 쉽게 만들 수 있도록 도와줍니다.

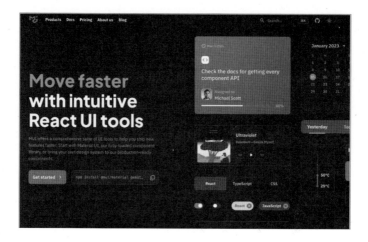

MUI를 고른 이유

    MUI는 몇 가지 이유로 React에서 최고의 라이브러리가 되었습니다.

    가장 큰 이유 중 하나는 단순성과 사용 편의성입니다. 이 라이브러리는 이해하고 사용하기 쉬운, 사전에 만들어진 컴포넌트를 제공하므로 React나 UI 개발 경험이 많지 않은 초보자도 쉽게 접근할 수 있습니다. 또한 사용자 정의가 가능한 emotion 라이브러리를 활용해서 숙련된 개발자도 필요에 따라 컴포넌트를 조정하고 미세 조정할 수 있습니다.

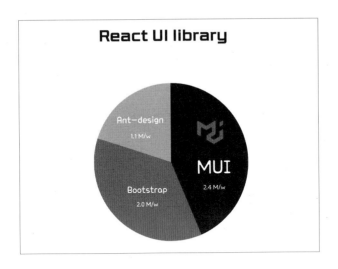

단순성과 사용 편의성은 다운로드 수로 입증할 수 있습니다. 2023년 4월 현재 MUI는 주간 다운로드 수에서 240만 건을 기록하며 계속해서 React UI 라이브러리에서 1위를 유지하고 있습니다. 이는 라이브러리의 인기와 유용성뿐만 아니라 React 생태계가 지속적인 성장을 하고 있다는 반증입니다.

Tailwind의 다운로드 수가 MUI보다 높기 때문에 더 인기가 있다고 생각하실 수 있습니다. 하지만 tailwind는 React뿐 아니라 다른 개발 환경에서도 사용하기 때문에 React 환경에서 얼마나 사용되는지 확인하는 것은 어렵습니다. 또한 MUI와는 다른 유형의 라이브러리입니다. Tailwind는 HTML 요소의 스타일을 빠르게 지정하는 데 사용할 수 있는 CSS 유틸리티 클래스 세트를 제공하지만 MUI처럼 미리 만들어진 컴포넌트는 제공하지 않습니다. tailwind는 CSS에 익숙한 개발자에게는 강력한 기능을 제공할 수 있지만 UI 개발을 막 시작한 초보자에게는 접근성이 떨어질 수 있습니다.

초보자 친화적인 UI 라이브러리로는 MUI, Bootstrap, Ant-design이 가장 인기 있는 옵션입니다. Bootstrap은 미리 빌드된 구성 요소와 스타일링을 제공하는 프론트엔드 프레임워크이며, Ant-design은 Alibaba의 디자인 언어에 기반한 구성 요소를 제공하는 UI 라이브러리입니다. 이 세 가지의 UI 라이브러리는 모두 다양한 요구 사항에 맞게 사용자 정의할 수 있는 사용하기 쉬운 구성 요소를 제공합니다.

정리하자면 MUI는 단순하고 사용하기 쉽기 때문에 React에서 UI 개발을 막 시작하는 초보자에게 훌륭한 선택입니다. Tailwind와 같은 다른 라이브러리도 잘 활용하면 강력할 수 있지만, 초보자에게는 접근성이 떨어질 수 있습니다. MUI와 같은 초보자 친화적인 UI 라이브러리를 사용하면 개발자는 많은 코드를 작성하지 않고도 아름답고 반응이 빠른 UI를 빠르게 구축할 수 있습니다.

해당 프로젝트는 React 배포를 연습하기 위해 필요합니다. 프론트엔드는 이력서를 제출할 때 시각적으로 동작하는 링크를 제출해야 합니다. 즉, 내 컴퓨터에서만 돌아가는 웹 페이지는 의미가 없기 때문에 항상 배포를 우선적으로 생각하는 습관을 들이기 바랍니다.

저는 간단한 계산기 같은 WEB을 추천드리지만, 어떤 프로젝트든 여러분이 만들고 싶은 간단한 것을 추천드립니다. 여기에서는 REST API와의 통신 같은 어려운 개념은 넣지않는 것이 좋습니다. 배포를 연습하기 위한 과정이니까요.

만약 여러분이 React와 REST API 사용에 친숙하시다면 그리고 the odin project에서 많은 연습을 해보셨다면 프로젝트에 넣어보는 것을 추천드립니다.

프로젝트에는 다음과 같은 내용들이 들어가야 합니다.

- React를 사용한다.
- MUI를 사용한다.
- Grid를 사용해 본다.

- Flex를 사용해 본다.

- Github을 사용해서 프로젝트를 저장해 본다.

이후의 과정은 해당 문서의 다음 챕터를 확인하세요.

05 Vercel, Netlify, AWS amplify 배포

위에서 만든 간단한 프로젝트를 실제 배포해야겠죠? 이때 사용하는 방법들을 소개합니다.

최근 프론트엔드와 백엔드 모두에서 CI/CD 의 중요성이 부각되고 있습니다. CI$^{Continuous\ Integration}$ / CD$^{Continuous\ Delivery}$란 간단하게 설명하면 자동으로 빌드/테스트를 진행하고 자동으로 배포한다는 의미입니다.

처음부터 어렵게 접근할 필요 없이 Github에서 자동으로 배포를 도와주는 플랫폼들을 사용해서 배포해 보는 것을 추천드립니다.

▲ 배포 방식

Vercel, Netlify, AWS amplify는 배포를 아주 쉽게 도와주며 여러분들의 Github과 연동하면 바로 빌드가 될 것 같습니다. 해당 문서들을 정독해 보면서 Github과 연동을 통해 진행하면 됩니다.

만약 빌드를 실패하셨다면 제가 운영하는 디스코드에 알려주세요. 답을 찾아서 해결해 드리겠습니다. 최근에 빌드하는 방법에서 여러 설정들이 일부 변경되어 빌드 커맨드를 수정할 필요가 생겼으니 만약 실패하셨다면 언제든 문의주시면 해결해 드리겠습니다.

(디스코드 링크)

Github과 연동해서 사용하시는 것을 추천드립니다.

1 Vercel 회원가입(Github)

2 New Project 버튼 누르고 Add Github Account 클릭

3 Configure 버튼 클릭해서 repository access 부분 검색

4 배포하고자 하는 repository 선택

5 Import 버튼 클릭

6 필요 부분 수정 뒤 Deploy 클릭

7 배포 완료

(참고 링크)

Github과 연동해서 사용하는 것을 추천드립니다.

1 add new site 클릭

2 import an existing project

3 Github 클릭

4 배포하고자 하는 repository 클릭

5 Deploy site 클릭

6 배포 완료

(참고 링크)

AWS amplify

Github과 연동해서 사용하는 것을 추천드립니다. AWS 계정의 가입이 필수입니다.

1 AWS 로그인 후 amplify 선택

2 Deliver의 get started 클릭

3 Github 선택

4 배포하고자 하는 repository 선택

5 저장 및 배포 클릭

6 배포 완료

(참고 링크)

06 Git + AWS S3 + AWS cloudfront 배포

AWS에 배포할 때 기업이 사용하는 몇 가지 일반적인 방법이 있습니다. 가장 많이 사용되는 방법 중 하나는 Github Actions 또는 AWS codepipeline을 사용하는 것입니다. 이러한 도구를 사용하면 개발자가 배포 프로세스를 자동화하고 사용자가 안정적이고 일관된 방식으로 애플리케이션을 사용할 수 있도록 보장할 수 있습니다.

Github Actions는 Github와 긴밀하게 통합된 지속적 통합 및 배포 플랫폼입니다. Github Actions를 사용하면 빌드, 테스트 및 배포 프로세스를 자동화하는 워크플로를 정의할 수 있습니다. 이를 통해 코드를 항상 배포 가능한 상태로 유지하고 모든 변경 사항이 AWS 인프라에 자동으로 배포되도록 할 수 있습니다.

AWS codepipeline은 AWS에서 애플리케이션을 쉽게 빌드, 테스트 및 배포할 수 있는 완전 관리형 지속적 배포 서비스입니다. AWS codepipeline을 사용하면 코드 빌드 및 테스트, AWS 인프라에 배포하는 등 릴리스 프로세스를 자동화할 수 있습니다.

Github Actions와 AWS CodePipeline은 모두 정적 웹 사이트와 콘텐츠를 호스팅하는 데 널리 사용되는 두 가지 AWS 서비스인 AWS S3와 AWS CloudFront에 배포하는 데 사용할 수 있습니다. S3는 파일을 저장하고 검색할 수 있는 간단한 스토리지 서비스이며, CloudFront는 웹 사이트 또는 애플리케이션의 성능과 안정성을 개선하는 데 도움이 되는 콘텐츠 전송 네트워크입니다.

회사에서는 보통 AWS에 배포하는 방법을 사용합니다. 보통 사용하는 방법이 Github Actions과 AWS codepipeline입니다. 이 두 가지를 활용해서 AWS S3와 AWS cloudfront로 배포를 합니다.

AWS에 배포를 설정하는 것은 어려울 수 있지만 시작하는 데 도움이 되는 많은 리소스가 있습니다. AWS는 AWS 인프라를 설정하고 구성하는 방법에 대한 풍부한 문서와 튜토리얼을 제공하며, 프로세스를 탐색하는 데 도움이 될 수 있는 YouTube 동영상 및 포럼과 같은 커뮤니티 리소스도 많이 있습니다. AWS 공식 유튜브 세션에서 많은 방법들을 제공해 주니 참고하시기 바랍니다.

▲ AWS 공식 세션 유튜브

Github Actions의 워크플로 작업을 통한 CI/CD로 AWS S3 에 배포하는 방법이 존재합니다. 다음과 같은 순서로 작업이 가능합니다.

➊ 애플리케이션에 필요한 빌드, 테스트 및 배포 단계를 수행하는 새 Github Actions을 만듭니다. 여기에는 AWS CLI, npm 또는 Docker와 같은 도구를 사용할 수 있습니다.

➋ 필요한 환경 변수를 Github 리포지토리의 시크릿에 추가합니다. 이러한 변수에는 AWS 액세스 및 비밀 키와 기타 필요한 구성 옵션이 포함되어야 합니다.

➌ 특정 브랜치에 대한 새 커밋과 같은 특정 트리거에서 실행되도록 Github 작업을 구성합니다.

➍ Github Actions 내에서 AWS CLI를 사용하여 애플리케이션 아티팩트를 저장할 새 S3 버킷을 생성합니다.

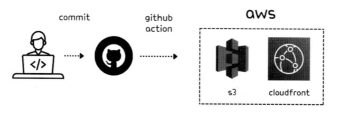

▲ Github Actions aws 배포

⑤ 애플리케이션을 빌드하고 패키징한 다음 AWS CLI를 사용하여 결과 아티팩트를 S3 버킷에 업로드합니다.

⑥ S3 버킷을 오리진으로 사용하도록 CloudFront를 구성합니다. 여기에는 새 CloudFront 배포를 생성하고, 원본을 S3 버킷으로 설정하고, 필요한 캐싱 또는 SSL 옵션을 구성하는 것이 포함됩니다.

⑦ CloudFront 배포가 생성되면 AWS CLI를 사용하여 배포에 대한 기존 캐시를 모두 무효화합니다.

⑧ 마지막으로, 관련 DNS 레코드가 CloudFront 배포를 가리키도록 업데이트하여 사용자가 CDN을 통해 애플리케이션에 액세스할 수 있도록 합니다.

⑨ 배포를 테스트하고 애플리케이션이 예상대로 실행되는지 확인합니다.

⑩ 배포가 성공적으로 완료되었음을 확인했으면 변경 사항을 프로덕션 브랜치에 병합하고 CI/CD 파이프라인이 변경 사항을 라이브 환경에 배포하도록 하세요.

AWS의 서비스인 codecommit과 codepipeline을 통한 AWS S3 배포 역시 가능합니다.

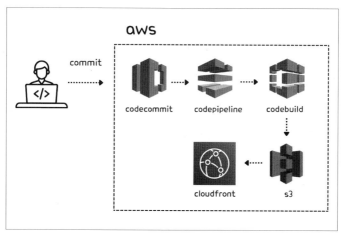

▲ aws codecommit 사용

❶ 애플리케이션의 소스 코드를 저장할 CodeCommit 리포지토리를 생성합니다.

❷ 애플리케이션 코드를 CodeCommit 리포지토리에 푸시합니다.

❸ 애플리케이션 아티팩트를 저장할 S3 버킷을 생성합니다.

❹ CodePipeline이 S3 버킷 및 CloudFront 배포에 액세스할 수 있도록 허용하는 IAM 역할을 생성합니다.

⑤ CodeCommit 리포지토리를 소스로, 애플리케이션을 빌드하고 패키징하는 빌드 단계와 애플리케이션을 S3 및 Cloud-Front에 배포하는 배포 단계를 포함하는 CodePipeline을 생성합니다.

⑥ 빌드 단계는 AWS CodeBuild와 같은 빌드 제공자를 사용하여 애플리케이션을 빌드하고 패키징하도록 구성합니다.

⑦ 배포 단계는 AWS CloudFormation 작업을 사용하여 최신 애플리케이션 아티팩트로 CloudFront 배포 및 S3 버킷을 생성하거나 업데이트하도록 구성합니다.

⑧ 파이프라인을 테스트하고 애플리케이션이 예상대로 실행되는지 확인합니다.

⑨ 파이프라인이 올바르게 작동하는 것을 확인했으면 변경 사항을 CodeCommit 리포지토리에 병합하여 파이프라인이 변경 사항을 라이브 환경에 배포하도록 유발합니다.

⑩ 파이프라인과 라이브 환경을 모니터링하여 애플리케이션이 올바르게 실행되고 있는지 확인하고 발생할 수 있는 모든 문제를 처리하세요.

해당 강의는 Harvard CS50의 웹 전문 강의입니다. 시간상 해당 수업은 the odin project를 진행하셨다면 옵션으로 생각해도 괜찮습니다. 좀 더 웹에 대한 깊은 공부를 원하시면 수강하시길 권합니다.

Harvard CS50을 통해 다음과 같은 내용들을 배울 수 있습니다.

Harvard CS50 web 장점

01 HTML + CSS

02 Git

03 Python & Django

04 Database

05 JavaScript

06 테스트, CI/CD

07 확장성 및 보안

01 ▶ HTML + CSS

웹 개발의 기본 구성 요소입니다. HTML과 CSS를 사용하여 웹 페이지를 만들고 스타일을 지정하는 방법을 배웁니다.

02 ▶ Git

Git은 소프트웨어 개발에 일반적으로 사용되는 버전 관리 시스템입니다. Git을 사용하여 코드를 관리하고 다른 사람과 공동 작업하는 방법을 배웁니다.

03 ▶ Python & Django

Python은 웹 개발에서 광범위하게 사용되는 인기 프로그래밍 언어입니다. 변수, 함수, 루프 등 Python 프로그래밍의 기본을 배우게 됩니다. 장고^{Django}는 파이썬을 사용하여 구축된 웹 프레임워크입니다. 모델, 뷰, 템플릿을 만들고 관리하는 등 Django를 사용하여 웹 애플리케이션을 구축하는 방법을 배우게 됩니다.

데이터베이스

SQL을 사용하여 데이터베이스와 상호 작용하고, 데이터를 표현하는 모델을 만들고, 데이터베이스 마이그레이션을 관리하는 방법을 배웁니다.

JavaScript

JavaScript는 웹 개발에서 일반적으로 사용되는 프로그래밍 언어입니다. 변수, 함수, 루프 등 JavaScript 프로그래밍의 기초를 배우게 됩니다.

사용자 인터페이스: HTML, CSS, JavaScript를 사용하여 반응형 및 대화형 디자인을 만드는 등 웹 애플리케이션을 위한 사용자 인터페이스를 만드는 방법을 배웁니다.

테스트, CI/CD

코드의 품질을 보장하기 위해 테스트를 작성하고 실행하는 방법과 지속적인 통합 및 지속적인 배포CI/CD 파이프라인을 설정하는 방법을 배우게 됩니다.

대량의 트래픽을 처리할 수 있도록 웹 애플리케이션을 확장하는 전략과 일반적인 보안 위협으로부터 웹 애플리케이션을 보호하는 모범 사례에 대해 알아보세요.

주의사항

이 강의는 하버드의 데이비드 말란 교수님이 강의하는 강의는 아닙니다. 다른 분이 강의하시는데 유머는 다소 부족하지만 강의가 좋다고 평가받습니다. 그리고 CS50보다는 난이도가 꽤 존재한다고 알려져 있습니다.

해당 강의는 web에 대한 전반적인 지식과 python의 Django를 사용하며 JavaScript에 대한 기초를 배울 수 있습니다.

Harvard CS50와 동일하게 edx에서 진행합니다.

▲ Harvard CS50 web 인증서

AWS serverless REST API 설계

프론트엔드가 왜 REST API를 만들어야 할까요? 프론트엔드는 백엔드와 더 좋은 서비스를 만들기 위해 최적의 REST API 설계를 할 줄 알아야 합니다.

왜 만들어야 하는가?

프론트엔드는 백엔드의 기초를 공부해야 합니다. AWS EC2와 같은 서버 설정이 아니라 REST API의 설계를 이해해야 합니다. REST API를 만드는 것은 백엔드 개발팀의 책임이지만, 프론트엔드는 REST API 설계의 원칙에 대해 잘 알고 있어야 합니다.

백엔드 팀과 논의할 때 프론트엔드 개발자는 REST API가 프론트엔드 애플리케이션의 요구 사항을 충족하는지 확인하기 위해 REST API 설계에 대해 논의해야 합니다. 프론트엔드는 동작이 복잡하기 때문에 백엔드 팀이 프론트엔드 쪽의 복잡성을 이해하기 어렵습니다. 따라서 프론트엔드 팀은 REST API가 애플리케이션의 요구 사항에 맞는지 확인하기 위해 백엔드 팀에게 특정 설계를 위해 설득해야 합니다.

REST API의 기본적인 설계를 최대한 따라가지만 프론트엔드의 필요에 따라 약간의 변형이 필요할 수 있습니다. 예를 들어 암호화 처리를 다른 방식으로 사용하거나 암호화를 사용하지 않거나 POST 방식이나 GET의 path 파라미터나 query 파라미터로 처리하는 등 프론트엔드 쪽에서 제안해 줄 수 있어야 합니다.

그래서 어떻게 연습하나요?

REST API 기술을 빠르게 연습하고 향상시키고 싶다면 서버리스 아키텍처를 사용해 보세요. 서버리스 기술은 최신 클라우드 기술이며 실무 경험을 쌓을 수 있는 좋은 방법입니다. 클라우드 기술 분야의 업계 리더는 Amazon Web Services[AWS]이며, 서버리스 서비스도 예외는 아닙니다.

AWS의 서버리스 아키텍처와 관련하여 가장 일반적으로 사용되는 구성 요소는 API gateway, AWS lambda, AWS DynamoDB 입니다. 개발자는 이러한 서비스를 활용하여 AWS에서 완전히 관리되는 강력하고 확장 가능하며 효율적인 REST API를 생성할 수 있습니다. 따라서 개발자는 서버 관리에 신경 쓰지 않고 코드 작성에만 집중할 수 있으며, 이는 대규모 프로젝트를 진행할 때 큰 이점이 될 수 있습니다.

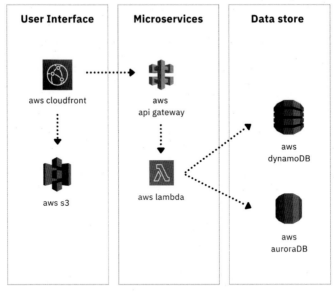

▲ 서버리스 아키텍처

따라서 REST API에 대한 실질적인 경험을 쌓고 싶다면 AWS 에서 서버리스 아키텍처의 사용을 고려해 보세요. API gateway, AWS Lambda, AWS DynamoDB의 도움으로 개발자로서의 기 술을 성장시키는 데 도움이 되는 강력하고 확장 가능한 REST API를 생성할 수 있습니다.

특히 공식 AWS 문서와 튜토리얼을 이용하면 AWS로 REST API를 쉽게 만들 수 있습니다. 15분만 투자하면 POST, PUT, GET, DELETE와 같은 메서드를 사용하여 새 API를 만들 수 있습니다.

(참고 링크)

문서는 간단하고 쉽게 되어있어 초보자에게 적합합니다.

시각적인 영상을 선호하는 분들을 위해 다양한 유튜브 동영상도 준비되어 있습니다. 특히 AWS 코리아에서 제공하는 공식 세션은 단계별 지침과 유용한 팁을 제공하는 유익한 정보입니다. 적절한 리소스와 약간의 연습만 있으면 누구나 AWS를 사용하여 REST API를 능숙하게 생성할 수 있습니다.

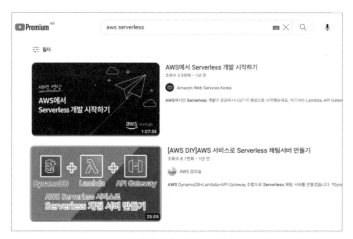

▲ AWS 서버리스 유튜브

09 업비트 REST API 서버리스로 만들기

백엔드는 프론트엔드의 복잡한 UI/UX 상태관리 로직을 모릅니다. 그렇기 때문에 REST API를 설계할 때 많은 고민이 필요합니다. 프론트엔드가 보기에 부족한 데이터들이 존재하기 때문에 초창기부터 백엔드와 함께 어떤 데이터들이 필요한지를 미리 설계할 줄 알아야 합니다.

대한민국에서 REST API를 가장 잘 만드는 회사는 수많은 트래픽을 감당할 수 있도록 설계하는 회사라고 생각합니다. 저는 수많은 매수·매도 주문을 관리하고 감당하는 회사인 업비트가 거기에 해당하는 회사가 아닐까 생각합니다. 더불어 유저들이 사용하기 쉽게 Open API로 공개를 했기 때문에 JSON은 유저 친화적으로 설계했다고 생각합니다. 또한 유저들이 문서를 많이 보기 때문에 개발자 친화적으로 문서를 잘 만들었습니다. 저는 아직까지 업비트 정도의 훌륭한 Open API 문서를 쓰는 회사를 보지 못했습니다.

그렇다면 좋은 REST API란 어떤 것일까요? 아마 확률적으로 좋은 개발자들이 많은 대기업들은 좋은 API를 설계할 확률이 높습니다. 특히 그중에서 가장 좋은 문서를 제공해 주는 업비트의 REST API로 공부하는 것이 좋다고 생각합니다. 좋은 문서를 만드는 사람들이라면 좋은 API를 만들 확률이 높다고 생각하기 때문입니다.

(참고 링크)

▲ 업비트 Open API 문서

모든 REST API를 만들 필요는 없습니다. 여기서 암호화 관련 REST API 하나와 암호화가 없는 REST API를 GET/POST API를 AWS 서버리스를 활용해 하나씩만 만들어보세요. 그리고 왜 이렇게 API를 설계했는지 생각해 보세요. 여러분의 실력이 금방 향상될 수 있을 거예요.

어디에 활용하나요?

우리는 이렇게 만들어진 API를 활용해야겠죠? 우리는 차트 데이터, 여러 데이터가 존재하는 업비트 API를 가지고 포트폴리오를 만들어 볼 거예요. D3.js 라이브러리를 활용해서 차트를 활용한 포트폴리오는 여러분의 프론트엔드 취업에 많은 도움이 될 것입니다.

저의 개인적인 경험으로 그래프는 진입장벽이 높기 때문에 사용 경험이 있는 사람을 선호했습니다. 다른 라이브러리는 크게 경험이 중요하다고 생각하지 않지만, D3 같은 경우는 처음 만드는 분들은 힘들어했기 때문입니다.

사람인에서 찾은 결과 D3.js를 특정지어 요구하는 채용공고
는 약 16건 정도 찾을 수 있었습니다. 복잡한 그래프가 필요한
경우는 d3.js 외의 대안이 별로 없기 때문에 여러분의 포트폴리
오에 큰 장점이 될 수 있을 것 같습니다.

사람인 d3.js 검색 결과

D3.js를 활용해서 차트를 만드는 경험은 특정 기업의 면접뿐
아니라 차트 도입을 고려하는 기업에서 가점을 받을 확률이 높습
니다. 물론 d3 관련 내용의 면접 준비는 철저하게 해야 합니다.

10 React + MUI + D3.js + 로그인 + redux (크립토 앱 만들기)

이제 우리는 포트폴리오를 만들 차례가 되었습니다. 이 포트
폴리오는 조금 어려울 수 있지만, 여러분이 이런 기술들을 사용
할 수 있다는 것을 보여주는 걸 목표로 만드세요.

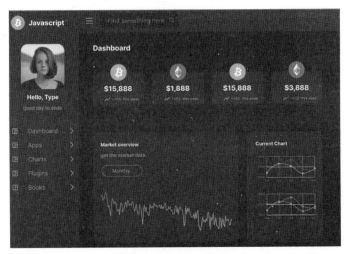
디자인은 어디서?

프론트엔드는 시각적으로도 좋은 포트폴리오를 만들어야 하기 때문에 시중에 있는 무료 크립토 웹 디자인을 카피해서 만드세요. 이 디자인을 활용하지만 여러분 스스로 디자인을 보고 직접 만들 수 있어야 합니다.

(참고 링크)

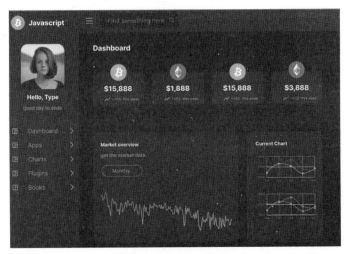

▲ 크립토 웹 사이트 디자인

해당 포트폴리오는 다음과 같은 기능들을 우선적으로 만들어보세요.

- 로그인 기능 - 소셜 로그인 (카카오 로그인만)
- 로그인 기능 - 일반적인 회원가입 폼. 로그인부터 어렵겠지만 여러분은 해낼 수 있습니다. 회원가입도 SMS 로그인, 메일 인증 로그인까지는 하지 마세요. 만약 로그인이 동작하는 백엔드가 필요하시다면 AWS cognito를 사용하는 방법을 고려해 보세요. 해당 방법은 여러분의 클라우드 스킬을 향상시켜줄 수 있습니다.
- React를 기본으로 사용
- MUI를 사용했음을 보여주고 Grid flex 사용을 통해 반응형 웹을 구성
- D3.js를 사용
- D3.js에 업비트의 API와 우리가 만든 REST API를 접목해 차트를 구성 - 이는 REST API를 잘 사용할 수 있다는 것을 강조하는 항목입니다.
- Redux 사용을 통해 상태 관리를 사용 - 상태 관리는 최대한 사용을 자제하세요. 어떤 변수들이 상태 관리에 필요한지 미리 생각하고 REDUX 사용을 최소한으로 줄이세요.

4장

전공지식 더 깊게 공부하기

CS 지식은 프론트엔드 개발자에게 컴퓨터 과학의 기본 원리에 대한 탄탄한 기초를 제공하여, 보다 강력하고 효율적인 웹 애플리케이션을 개발하는 데 도움이 될 수 있습니다. CS 수업에서 습득한 모든 기술과 지식이 프론트엔드에 직접 적용될 수는 없지만, 컴퓨터 과학에 대한 폭넓은 이해는 프론트엔드 개발자가 문제를 해결하는 방법에 대해 보다 비판적이고 창의적으로 사고하는 것에 도움이 될 수 있습니다.

기본적으로 CS 전공지식은 네트워크, 자료구조, 운영체제, 알고리즘 이렇게 4가지로 구분해 볼 수 있습니다. 이 네 가지를 위주로 프론트엔드에게 필요한 이유를 소개합니다.

네트워크

서버 및 기타 백엔드 시스템과 통신하는 웹 애플리케이션을 만들어야 하는 프론트엔드 개발자에게는 컴퓨터 네트워크에 대한 이해가 매우 중요합니다. 웹 애플리케이션을 디버깅하고 최적화하려면 HTTP 및 TCP/IP와 같은 네트워크 프로토콜에 대한 지식이 필수적입니다.

데이터 구조

프론트엔드 개발자는 동적이고 반응성이 뛰어난 사용자 인터페이스를 구축하기 위해 배열, 객체, 링크된 목록과 같은 복잡한 데이터 구조로 작업해야 하는 경우가 많습니다. 데이터 구조를 이해하는 것은 웹 애플리케이션의 성능을 최적화하고 메모리 누수와 같은 일반적인 함정을 피하는 데 중요합니다.

운영체제

프론트엔드 개발자는 주로 클라이언트 측에서 작업하지만, 운영체제에 대한 지식은 웹 브라우저 및 기타 클라이언트 측 소프트웨어가 기본 운영체제와 상호 작용하는 방식을 이해하는 데 도움이 될 수 있습니다. 운영체제가 메모리 관리, 프로세스 스케줄링, 파일 시스템과 같은 작업을 처리하는 방식을 이해하면 프론트엔드 웹 애플리케이션의 성능을 최적화하는 데 도움이 될 수 있습니다.

알고리즘

프론트엔드 개발자가 매일 복잡한 알고리즘을 구현할 필요는 없지만, 일반적인 문제를 확장 가능하고 효율적인 방식으로 해결하는 방법을 이해하려면 알고리즘에 대한 지식이 중요합니다. 예를 들어 정렬, 검색, 그래프 탐색과 같은 알고리즘을 이해하면 프론트엔드 속도와 성능에 최적화된 웹 애플리케이션을 구축하는 데 도움이 될 수 있습니다.

01 프론트엔드 부트캠프 추천

　제가 추천하는 프론트엔드 부트캠프는 기본적으로 하나만 집중하는 곳입니다. 프론트엔드나 백엔드 중 하나만 집중하는 부트캠프가 여러분의 취업에 도움이 됩니다. 부트캠프나 국비지원 중에 여러가지를 동시에 하려고 하는 곳이 있는데 5개월 정도 밖에 되지 않는 짧은 시간에 많은 개발을 경험하는 것은 사실 어렵습니다. 더불어 여러 분야를 한 사람의 강사가 담당하는 것도 힘들기 때문에 좋은 강의 퀄리티를 기대하기도 힘듭니다. 그래서 하나만 집중하는 강의를 추천드립니다.

　프론트엔드만 집중해서 알려주는 부트캠프는 일반적으로 HTML, CSS, JavaScript부터 반응형 디자인, 사용자 경험, React, 접근성에 이르기까지 모든 것을 다루는 포괄적인 커리큘럼을 제공합니다. 그리고 Javascript에 대해서 집중적으로 배울 수 있기 때문에 코딩 테스트나 구현 테스트를 준비하시는 여러분에게 많은 도움이 될 수 있습니다.

만약 개발 영역을 좀 더 다양하게 배우는 것에 관심이 있다면 더 광범위한 주제를 다루는 부트캠프를 선호할 수 있습니다. 하지만 이러한 유형의 부트캠프는 개발 기술에 대한 광범위한 개요는 제공할 수 있지만, 특정 영역에 대한 심층적인 지식이나 경험을 많이 얻지 못할 수도 있다는 점을 명심해야 합니다.

프론트엔드 부트캠프를 선택할 때 고려해야 할 중요한 요소 중 하나는 강사의 자질입니다. 업계에서 일한 현업 경험이 있고 학생들을 성공적으로 가르치고 멘토링한 실적이 있는 숙련된 강사가 있는 부트캠프를 찾아보세요. 훌륭한 강사는 학습 경험에 큰 차이를 만들 수 있으며 프로그램 전반에 걸쳐 귀중한 지침과 지원을 제공할 수 있습니다.

또한 최신 채용공고를 제대로 만족하는 부트캠프인지도 고려해 보세요. 기본사항은 대부분 만족할 수밖에 없지만 우대사항을 만족하지 못하는 곳들이 생각보다 많기 때문입니다.

다음 그림은 부트캠프를 선택하는 기준입니다. 중요도 순서가 아닙니다. 해당 기준을 4개 정도 만족한다면 충분히 좋은 부트캠프라고 생각하고 진행하셔도 좋을 것 같습니다. 필수적으로 프론트엔드만을 배우는 것을 가정합니다.

이런 기준과 함께 프론트엔드 부트캠프에서 중요하다고 생각하는 기준들을 바탕으로 아래 부트캠프들을 추천드립니다. 순서가 중요한 것은 아니며, 여러분이 지원하는 시기에 어디든 지원하면 좋은 결과를 가져올 것이라고 생각합니다.

패스트캠퍼스 부트캠프의 커리큘럼을 정리했습니다. 공고의 기본사항과 우대사항을 잘 정리해 주고 있습니다.

패스트캠퍼스 부트캠프

01	HTML + CSS
02	Git/Github
03	CS 지식
04	JavaScript 기초/심화
05	TypeScript 기초/심화
06	알고리즘/자료구조
07	ReactJS 기초/심화
08	협동 프로젝트

제로베이스 부트캠프의 커리큘럼을 정리했습니다. 공고의
기본사항과 우대사항을 잘 정리해 주고 있지만 React와 Vue를
모두 진행하는 점은 조금 아쉽습니다.

제로베이스 부트캠프

01 HTML + CSS

02 Git/Github

03 CS 지식

04 코딩 테스트

05 JavaScript 기초/심화

06 React/Vue

07 협동 프로젝트

프로그래머스 부트캠프의 커리큘럼을 정리했습니다. D3.js 를 사용한다는 점이 만족스럽지만 CS 지식이 부족한 점은 조금 아쉽습니다.

프로그래머스 부트캠프

01	JavaScript 기초
02	JavaScript 심화
03	HTML/CSS
04	Vue 기초
05	React 기초/심화
06	팀프로젝트
07	데이터 시각화
08	최종 프로젝트

코드스테이츠 부트캠프의 커리큘럼을 정리했습니다. TDD 과 커리어코칭까지 포함되어 있어 가장 훌륭한 커리큘럼이 아닌 가 싶습니다.

코드스테이츠 부트캠프

01 HTML + CSS

02 JavaScript

03 React 기초/심화

04 CS 지식

05 TDD

06 코딩 테스트

07 프로젝트

08 커리어 코칭

5장

CSS 정복하기

CSS는 프론트엔드를 공부하는데 가장 어려운 항목이지 않으신가요?

저 역시 아직도 CSS가 어렵습니다. HTML은 별게 없지만 CSS는 전혀 다릅니다. 굉장히 어렵죠. CSS만 잘해도 Javascript는 손도 안 대고 멋진 웹 사이트와 각종 애니메이션을 만들 수 있으니까요.

하지만 모든 CSS를 아는 것은 너무 방대합니다. 어떻게 생겨났는지부터 들어가는 게 좋지만 여기부터 시작하기에는 너무 방대하죠. 이에 제가 생각하는 가장 효율적인 방법을 소개합니다.

01 유명 라이브러리

CSS 중 유명한 라이브러리들은 다음과 같습니다.

❶ Bootstrap

❷ MUI

❸ Ant design

❹ Tailwind CSS

이 중에서 Tailwind CSS는 다른 것과는 많이 다릅니다. 그냥 CSS를 사용하는 것과 크게 다르지 않습니다.

02 추천 공부 방법

제가 추천하는 CSS 공부 방법은 다음과 같습니다.

❶ MUI로 시작하기

❷ Tailwind로 경력 쌓기

❸ stylesheet 공부하기

❹ sass와 같은 CSS 기본 지식들을 추가합니다.

flex와 grid는 배워야 할 가장 중요한 CSS 기능입니다. flex는 다양한 화면 크기와 방향에 맞게 조정할 수 있는 반응형 레이아웃을 만드는 데 특히 유용합니다. 개발자가 컨테이너 내 요소의 정렬과 간격을 쉽게 제어할 수 있어 복잡한 사용자 인터페이스로 작업할 때 특히 유용할 수 있습니다.

반면 grid는 개발자가 보다 정교하고 유연한 레이아웃을 만들 수 있도록 해주는 CSS의 최신 기능입니다. grid를 사용하면 여러 행과 열을 만들고, 각 요소의 크기와 위치를 지정하고, 겹치는 영역을 만들어 보다 창의적인 디자인에 사용할 수 있습니다. grid는 보통 리스트가 많은 대시보드나 데이터 시각화와 같이 복잡하고 동적인 인터페이스를 디자인하는 데 특히 적합합니다.

보통 media-query와 함께 많이 사용되기 때문에 media-query에 대한 공부도 추가해 보시기 바랍니다. media-query는 화면 크기에 따라 페이지 레이아웃을 조정하는 데 도움이 됩니다. 하지만 진정한 responsive 디자인을 만들려면 신중한 계획과 flex 및 grid 같은 CSS 기능에 대한 확실한 이해가 필요합니다.

또한 사용자의 요구와 선호도, 접근성과 사용성을 염두에 두고 디자인하는 것이 중요합니다.

추가로 MUI 문서의 grid 관련 설명과 코드를 추천드립니다.

Basic grid

Column widths are integer values between 1 and 12; they apply at any breakpoint and indicate how many columns are occupied by the component.

A value given to a breakpoint applies to all the other breakpoints wider than it (unless overridden, as you can read later in this page). For example, xs={12} sizes a component to occupy the whole viewport width regardless of its size.

```
<Grid container spacing={2}>
  <Grid item xs={8}>
    <Item>xs=8</Item>
  </Grid>
  <Grid item xs={4}>
    <Item>xs=4</Item>
  </Grid>
  <Grid item xs={4}>
    <Item>xs=4</Item>
  </Grid>
  <Grid item xs={8}>
    <Item>xs=8</Item>
  </Grid>
</Grid>
```

▲ MUI grid 설명

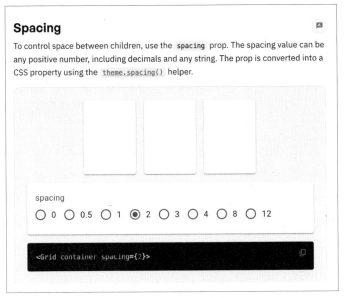

▲ MUI grid spacing 설명

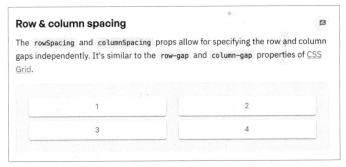

▲ MUI gap 설명

앞의 그림 3가지는 grid에 대한 이해를 돕기 때문에 참고하는 것을 추천드립니다.

MUI를 사용하면서 CSS의 기본을 이해하고 여러 기능들의 존재를 아시면 충분하다고 생각합니다. 디테일은 나중에 채우면 되니까요. 처음부터 CSS를 깊게 들어가는 건 어렵습니다.

정렬 방법들은 처음 시작하는 여러분에게는 너무 어렵습니다. align-items / justify-content / flex / spacing 등 알아야 할 것들은 직접 버튼을 누르면서 테스트해 보세요. 그리고 이해하시기 바랍니다.

MUI는 style-component, emotion 등을 지원하며 나중에는 tailwind를 붙이는 것도 가능합니다. MUI에 충분히 익숙해진 뒤 CSS가 자신이 생기면 tailwind나 stylesheet로 넘어가시는 것을 추천드립니다.

Interactive

Below is an interactive demo that lets you explore the visual results of the different settings:

Cell 1　　Cell 2　　Cell 3

direction
◉ row　　○ row-reverse　　○ column　　○ column-reverse

justifyContent
○ flex-start　　◉ center　　○ flex-end　　○ space-between
○ space-around　　○ space-evenly

alignItems
○ flex-start　　◉ center　　○ flex-end　　○ stretch　　○ baseline

```
<Grid
  container
  direction="row"
  justifyContent="center"
  alignItems="center"
>
```

▲ MUI 정렬 연습

프론트엔드 개발자

실용적인 팁

제가 가장 추천드리는 팁입니다. 요즘은 보통 디자인을 피그마로 받아서 처리하는데, 피그마는 CSS를 무료로 제공해 줍니다. 이걸 활용하는 겁니다!

보통 오른쪽에 CSS를 알려주는 부분이 존재하죠. 이를 활용해서 여러분들은 CSS를 어떤 식으로 사용하는지 알 수 있습니다.

여러분들이 직접 작성할 필요가 없습니다. 물론 완벽한 CSS를 주지는 않지만 CSS를 공부하는 입장에서는 많은 도움이 됩니다.

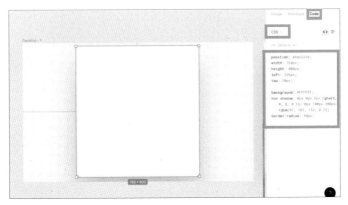

▲ Figma CSS 팁

04 더 실용적인 팁

AWS amplify studio

여러분 피그마에서 바로 React 코드로 바꾸는 방법이 있
다면 사용하시겠습니까? 제가 사용하는 방법들을 소개합니다.
AWS에서 제공하는 AWS amplify studio입니다.

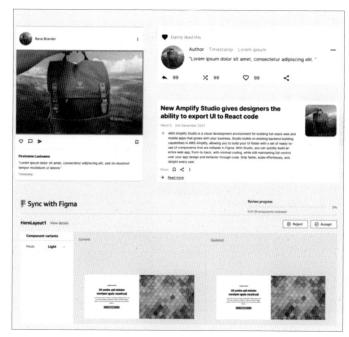

▲ AWS amplify studio

CSS는 종류가 참 다양하죠. 이 종류에 맞게 SASS/LESS/SCSS/STYLUS를 지원합니다. 여러분이 원하는 CSS의 Preprocessors를 사용해서 쉽게 CSS를 공부해 보세요. 15,000명이 사용하고 있는 것을 알 수 있습니다. 이 방법은 주니어, 나아가 시니어가 되어서도 사용할 수 있는 방법입니다.

사실 대부분 본인이 자주 쓰는 CSS정도만 기억하지 매번 나오는 새로운 CSS들을 모두 기억하는 개발자는 거의 없습니다. 그렇기 때문에 새로운 CSS들을 익히는 가장 좋은 방법은 이런 generator를 사용하는 방법이라고 생각합니다.

▲ CSSGen

6장
프론트엔드 면접에 자주 나오는 질문

 프론트엔드 면접에 자주 나오는 질문을 통해 여러분의 면접 실력을 향상시키세요.

 질문에 제가 답변을 드리는 것은 여러분의 사고 확장에 도움이 되지 않습니다. 그렇기 때문에 여러분들이 직접 정리하면서 실력이 늘 수 있도록 지금 공유드리는 리스트를 여러분의 방법으로 정리하고 외우도록 노력하세요.

 정리나 외우기가 완료되었다면 체크리스트를 확인하면서 여러분의 면접 실력을 향상시켜 보세요.

체크	질문	중요도	종류
	브라우저 주소창에 www.google.com을 입력하면 어떤 일이 일어나나요?	***	CS지식
	GET과 POST의 차이는 무엇인가요?	***	
	객체 지향 프로그래밍이란 무엇인가요?	***	
	프로세스와 스레드에 대해 설명해 주세요.	***	
	DNS에 대해 설명해 주세요.	**	
	REST API에 대해 설명해 주세요.	**	
	자료구조 stack과 queue에 대해 설명해 주세요.	*	
	Promise와 Callback 차이를 설명해 주세요.	***	Javascript
	async, await 사용 방법을 설명해 주세요.	***	
	var, let, const 차이를 설명해 주세요.	***	
	이벤트 버블링과 캡처링에 대해 설명해 주세요.	***	
	클로저(Closure)에 대해 설명해 주세요.	***	
	실행 컨텍스트에 대해 설명해 주세요.	***	
	호이스팅(hoisting)에 대해 설명해 주세요.	***	
	프로토타입에 대해 설명해 주세요.	***	
	불변성을 유지하려면 어떻게 해야 하나요?	***	
	이벤트 버블링과 이벤트 캡처링에 대한 예시를 들어 주세요.	**	
	Javascript가 유동적인 언어인 이유는 무엇인가요?	**	

질문	난이도	분류
this에 대해 설명해 주세요.	**	
콜백 지옥(Callback hell)을 해결하는 방법을 말씀해 주세요.	*	
Promise를 사용한 비동기 통신과 async, await를 사용한 비동기 통신의 차이를 설명해 주세요.	*	
함수 선언형과 함수 표현식의 차이에 대해 설명해 주세요.	*	
렉시컬 환경(Lexical Environment)에 대해 설명해 주세요.	*	
데이터 타입에 대해 설명해 주세요.	*	
Javascript에서 일어나는 데이터 형 변환에 대해 설명해 주세요.	*	
깊은 복사와 얕은 복사에 대해 설명해 주세요.	*	
requestAnimationFrame을 사용해 본 적 있나요?	*	
Virtual DOM 작동 원리에 대해 설명해 주세요.	***	React
Virtual DOM 이 무엇인지 설명해 주세요.	***	
React를 사용하는 이유에 대해 말씀해 주세요.	***	
클래스형 컴포넌트와 함수형 컴포넌트의 차이에 대해 설명해 주세요.	***	
생명 주기 메서드에 대해 설명해 주세요.	***	
React에서 JSX 문법이 어떻게 사용되나요?	***	
왜 state를 직접 바꾸지 않고 useState를 사용해야 하나요?	***	
useMemo와 useCallback에 대해 설명해 주세요.	***	
React에서 메모이제이션을 어떤 방식으로 하나요?	***	
React의 렌더링 성능 향상을 위해 어떻게 해야 하나요?	***	

React-query에 대해 들어봤나요?	***	
React 18 버전 업데이트 내용에 대해 말씀해 주세요.	***	
useEffect와 useLayoutEffect의 차이점에 대해 말씀해 주세요.	***	
Context API에 대해 설명해 주세요.	***	
key props를 사용하는 이유는 무엇인가요?	**	
제어 컴포넌트와 비제어 컴포넌트의 차이에 대해 설명해 주세요.	**	
props와 state의 차이는 무엇인가요?	**	
pure component에 대해 설명해 주세요.	*	
shouldComponentUpdate에 대해 설명해 주세요.	*	
React 관련 패키지 중에 제일 좋다고 생각한 것은 무엇인가요?	*	
Redux를 사용하는 이유가 무엇인가요?	***	Redux
Redux의 장단점에 대해 설명해 주세요.	***	
Context API와 Redux를 비교해 주세요.	***	
Redux-saga에 대해 설명해 주세요.	**	
Generator 문법에 대해 설명해 주세요.	**	
Redux-saga, Redux-Thunk의 차이에 대해 설명해 주세요.	**	
브라우저 렌더링 과정을 설명해 주세요.	***	Frontend
브라우저는 어떻게 동작 하나요?	***	
Webpack, Babel, Polyfill에 대해 설명해 주세요.	***	
CSR과 SSR의 차이는 무엇인가요?	***	

CORS는 무엇인지, 이를 처리해 본 경험을 말씀해 주세요.	***	
웹 표준을 지키며 개발하시나요?	***	
쿠키와 세션에 대해 설명해 주세요.	***	
이벤트 루프와 태스크 큐에 대해 설명해 주세요.	***	
타입스크립트를 사용하는 이유는 무엇인가요?	***	
쿠키, 세션, 웹 스토리지의 차이에 대해 설명해 주세요.	***	
크로스 브라우징 경험이 있으신가요?	***	
웹 소켓을 사용해 보셨나요?	***	
웹 사이트 성능 최적화에는 어떤 방법이 있나요?	***	
bundle의 사이즈를 줄이려면 어떻게 해야 하나요?	**	
로그인 처리를 할 때 쿠키와 세션을 어떻게 사용하시나요?	**	
Cascading에 대해 설명해 주세요.	***	HTML CSS
CSS 애니메이션과 JS 애니메이션의 차이에 대해 설명해 주세요.	***	
Flexbox를 사용해 보셨나요?	**	
Grid를 사용해 보셨나요?	**	
position 속성을 나열해 주세요.	**	
협업할 때 어려운 점이 있었나요?	***	기타
프로젝트에서 어떤 업무를 주로 담당했나요?	***	
개발 능력 향상을 위해 어떤 것을 하고 계시나요?	***	
새로운 기술을 습득하기 위해 어떤 방식으로 접근하고 계시나요?	**	

최근 경험했던 기억에 남는 에러에 대해 말씀해 주세요.	**	
요즘 공부하고 있는 것을 말씀해 주세요.	**	
왜 개발자가 되기로 결심하셨나요?	**	

Part

2

백엔드 개발자

①장

백엔드 로드맵 - 타임라인

 빠른 취업을 위한 타임라인

해당 표는 순서대로 학습하는 것을 가정하고 만들었습니다.
위에서 아래로 학습하시면 됩니다.

BACKEND
TIMELINE

	타임라인 24w(주)								
The odin project	5w								
Harvard CS50		5w							
하나의 언어에 집중하자			1w						
사이드 프로젝트에 참여하자				4w					
AWS EC2 배포해 보자					2w				
AWS serverless 경험해 보자						1w			
PostgreSQL 사용하자							2w		
MongoDB 사용하자								2w	
VueJS로 프론트 개발하자									2w

해당 로드맵으로 학습한다면 다음과 같은 장점들이 존재합니다.

백엔드 로드맵 장점

- **01** 포괄적인 커리큘럼
- **02** CS 지식 집중
- **03** 실습 경험
- **04** 다양한 DB 사용
- **05** 프론트엔드 개발 경험

01 포괄적인 커리큘럼

the odin project, Harvard CS50, 단일 언어에 대한 집중 등 다양한 리소스를 결합하여 백엔드 개발 학습을 위한 균형 잡힌 기초를 제공합니다. 알고리즘, 데이터 구조 및 시스템 아키텍처와 같은 주제를 다뤄보며 최신 백엔드 개발의 기반이 되는 원리와 개념을 깊이 있게 이해할 수 있습니다.

02 ▶ CS 지식 집중

Harvard CS50 코스로 데이터구조나 네트워크 등 웹에 관련된 지식들을 가볍게 배울 수도 있습니다. 그리고 실습을 통해 깊이 있는 공부를 진행할 수도 있다는 장점이 있습니다. 또한, C언어와 파이썬을 사용하기 때문에 여러 타입의 언어에 대한 경험을 할 수 있습니다. 그리고 Harvard CS50에서 제공하는 알고리즘 문제들을 풀면서 코딩 테스트에 대한 준비도 가능합니다.

03 ▶ 실습 경험

이론과 개념을 공부하는 것 외에도 사이드 프로젝트에 참여하고 AWS와 같은 클라우드 플랫폼에 애플리케이션을 배포하는 것이 중요하다는 것을 알게 됩니다. 실무 경험과 공고에서 중요하게 다루는 AWS를 고려하면 해당 로드맵에서 실제 애플리케이션을 구축하고 배포할 수 있습니다. 복잡한 배포와 서버 사용을 경험하면서 필요한 기술과 자신감을 기르는 데 도움이 될 수 있습니다.

04 다양한 DB 사용

기본인 MySQL뿐 아니라 PostgreSQL과 MongoDB를 모두 사용함으로써 서로 다른 강점과 사용 사례를 가진 3가지 인기 데이터베이스 기술에 대한 경험을 쌓을 수 있습니다. 마찬가지로 서버리스 배포 모델과 기존 배포 모델을 모두 학습함으로써 다양한 환경에서 애플리케이션을 배포하고 관리하는 방법에 대한 폭넓은 이해를 얻을 수 있습니다.

05 프론트엔드 개발 기술

백엔드에 집중하는 동안 VueJS와 같은 프론트엔드 프레임워크를 배우는 것의 중요도도 공고로 확인했습니다. 이를 통해 웹 어플리케이션 개발에 대한 전체적인 이해를 높이고 프론트엔드 개발을 보다 효과적으로 협업할 수 있습니다.

전반적으로 이 백엔드 로드맵을 따르면 다양한 기술과 도구에 대한 실무 경험뿐만 아니라 지식과 기술에 대한 탄탄한 기초를 쌓을 수 있습니다. 이론 학습과 실무 경험을 결합하면 다재다능하고 유능한 백엔드 개발자가 될 수 있습니다.

해당 표는 순서대로 학습하는 것을 가정하고 만들었습니다. 위에서 아래로 차근차근 학습하시면 됩니다.

BACKEND
TIMELINE

	타임라인 7w(주)					
Docker 공략하기 AWS ECR/ECS	1w				
AWS deploy로 EC2 CI/CD		1w			
AWS Elastic Beanstalk 배포			1w		
AWS lightsail 사용해보기				1w	
AWS cognito + SNS 맛보기					1w

왜 추천하나요?

제가 생각하기에 Docker는 요즘 백엔드의 핵심이 되어가고 있는 것 같습니다. Docker를 채용공고 내용에서 우대사항으로 적는 기업들도 있습니다. 배포하기에 Docker만큼 편한 게 없기 때문이죠. 그리고 저는 클라우드가 백엔드의 핵심이라고 생각하기에 Docker와 관련된 클라우드 기술들ECR, ECS을 익히는 것을 추천드립니다.

다만 해당 기술들은 우대사항^{옵션}입니다.

백엔드 최신 기술

01	Docker
02	AWS CI/CD
03	AWS Elastic Beanstalk
04	AWS Lightsail
05	AWS 서버리스 심화

다만 해당 기술들은 우대사항^{옵션}입니다.

01 Docker 익숙함

Docker를 마스터하면 컨테이너화와 소프트웨어 애플리케이션 배포 시 컨테이너화의 이점을 더 깊이 이해할 수 있습니다. Docker를 사용하면 배포 프로세스를 더 원활하고 효율적으로 수행할 수 있으며, AWS ECR/ECS는 이러한 목적으로 사용할 수 있는 도구로 회사에서 많이 사용하는 배포 방법 중 하나입니다.

CI/CD를 사용한 AWS 배포

CI/CD^{지속적 통합/지속적 배포}는 소프트웨어 개발 프로세스에서 중요한 부분입니다. CI/CD를 사용하여 AWS EC2 인스턴스에 애플리케이션을 배포하는 방법을 배우면 워크플로의 효율성을 개선하고 업데이트를 프로덕션에 빠르고 안정적으로 푸시할 수 있습니다.

03 **AWS Elastic Beanstalk**

AWS Elastic Beanstalk는 배포 프로세스를 간소화하는 데 도움이 되는 서비스형 플랫폼^{PaaS} 제품입니다. Elastic Beanstalk 사용 방법을 배우면 웹 애플리케이션을 빠르고 쉽게 배포하고 관리할 수 있습니다.

04 **AWS Lightsail**

AWS Lightsail은 소규모의 간단한 프로젝트에 사용할 수 있는 더 간단한 버전의 EC2입니다. AWS에서 애플리케이션을 배포하고 관리하는 방법을 배우려는 초보자에게 좋은 옵션이 될 수 있습니다.

05 AWS 서버리스 심화

05 AWS 서버리스 심화

AWS Cognito는 사용자를 인증하고 리소스에 대한 액세스를 제어하는 데 사용할 수 있는 신원 관리 서비스입니다. SNS^{Simple Notification Service}는 사용자에게 알림을 보내는 데 사용할 수 있는 메시징 서비스입니다. 이러한 서비스를 사용하는 방법을 배우면 AWS에서 안전하고 확장 가능한 애플리케이션을 구축하는 방법을 더 잘 이해할 수 있습니다.

이력서에 이런 최신 기술들을 추가하면 집중적으로 관련 질문을 받습니다. 준비를 잘해서 전략적으로 몇 개만 공부해서 이력서에 넣길 추천드립니다.

[참조] 초보자를 위한 백엔드 로드맵

문제점

웹 개발은 복잡한 분야이며, 초보자와 주니어 개발자가 배워야 할 정보와 기술의 양이 너무 많아 부담스러워하는 경우가 많습니다. 웹 개발 로드맵은 웹 개발에 능숙해지고자 하는 사람들에게 유용한 리소스이지만 초보자가 탐색하기에는 어려울 수 있습니다.

웹 로드맵roadmap.sh이라는 자료를 많은 블로거와 유튜버들이 언급하고 있습니다. 그러나 이 자료는 초보자 또는 주니어에게는 너무 어려울 수 있습니다. 더불어 너무 방대한 자료들이 존재하기 때문에 온라인 라이브에서도 많은 사람이 이를 보고 겁을 먹었다고 할 정도입니다.

로드맵이 부담스러울 수 있는 이유 중 하나는 기본 HTML 및 CSS부터 Django 및 Ruby와 같은 백엔드 언어에 이르기까지 광범위한 주제와 기술을 다루고 있기 때문입니다. 이제 막 시작하는 사람에게는 많은 내용을 다루고 있는 것처럼 보일 수 있습니다.

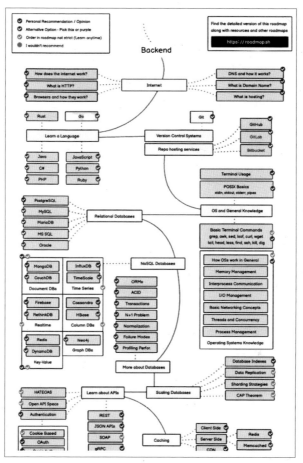

▲ 백엔드 로드맵

출처: roadmap.sh

시니어, PM 그리고 멘토들은 개발을 처음 배우거나 익숙하지 않은 사람에게 잘 정제되고 간단하면서 가시성이 좋은 효율적인 로드맵을 제공해야 합니다.

제가 생각하는 간단하면서 필수적인 부분만을 여러분에게 제공해 드립니다.

다음의 로드맵은 백엔드 개발자의 취업에 꼭 필요한 내용들만 시각적으로 정리한 자료입니다. 가장 필수적인 4가지만을 취업시장에서 나온 사항들을 가지고 만들었습니다.

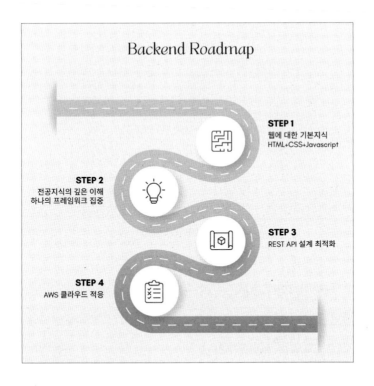

웹에 대한 기본 지식

'HTML, CSS, JavaScript는 사실 백엔드에게는 중요하지 않다'고 생각하시는 분들이 존재할 수 있습니다. 하지만 요즘 백엔드의 공고에서는 프론트엔드 역량을 기업의 규모를 떠나서 모두 요구하고 있습니다. 그래서 1순위로 웹에 대한 기본 지식을 추가했습니다.

전공지식의 깊은 이해 + 하나의 프레임워크 집중

백엔드는 복잡한 비즈니스 로직을 처리해야 합니다. 이 복잡함은 보통 논리적인 사고방식과 CS 지식으로 해결하는 경우가 존재합니다. 또한 많은 백엔드를 지원하는 분들은 여러 가지 언어를 하면 좋은 점수를 받을 거라고 생각합니다. 하지만 결론부터 말하자면 절대 아닙니다. 면접관들은 하나의 언어를 제대로 잘하는 지원자를 더 좋게 봅니다.

REST API 설계 최적화

백엔드가 하는 일은 거의 REST API를 만드는 일입니다. 그렇기 때문에 REST API 설계를 잘해야 합니다. 하지만 백엔드를 지원하면서 REST API 설계하는 일에 대해서 등한시하는 케이스를 많이 봤습니다. POST 결과 값을 201로 설정하지 않거나 프론트엔드가 알기 어려운 에러 메시지를 준다던가 에러 메시지를 제대로 주지 않는 경우가 많습니다. 기본이 되는 REST API 설계 지식은 꼭 준비하시기 바랍니다.

AWS 클라우드 적응

제 생각에는 좋은 백엔드 개발자가 되는 가장 좋은 길이 AWS 같은 클라우드를 다루는 지식입니다. 대한민국의 AWS 점유율은 60-70%입니다. AWS에 많은 기업들이 의존하는 만큼 AWS 클라우드의 최신 기술들과 비용 최적화 아키텍처 설계를 잘할 수 있도록 노력해야 합니다. 백엔드의 공고 중 기본사항과 우대사항에 공통적으로 나오는 것이 바로 AWS에 대한 이야기입니다.

② 장
어떤 언어를 선택해야 할까?

어떤 언어 프레임워크로 결정할지 아직 고민이신가요?

언어 프레임워크를 선택하는 것은 특히 시중에 수많은 옵션이 있기 때문에 어려울 수 있습니다. 하지만 데이터와 통계를 활용하면 의사 결정 과정을 더욱 쉽고 객관적인 정보에 입각해 진행할 수 있습니다.

실제 2023년 2월 통계로 여러분에게 설명드리겠습니다. 데이터로 보면 더 명확하게 결정을 내릴 수 있으니까요. 사람인, 잡코리아, 잡플래닛을 중점으로 조사해 보았습니다(사람인은 대한민국 업계 1위로서 가장 많은 자료를 제공합니다).

결론은 "Node.js를 선택해도 괜찮을 것 같다"입니다.

원래 Java의 비율이 높았던 한국에서 Node.js의 비율이 이 정도로 올라온 건 기적과 같습니다. 저는 Java의 40%도 안될거라고 생각했는데 Java의 60% 가까이도 나옵니다. 스타트업에서 많이 사용하다 보니 다른 기업들도 도입하기 시작한 것과 프론트엔드와 같은 언어를 사용한다는 이점이 이렇게 점유율을 끌어올린 것 같습니다.

01 Node.JS의 성장

최근 몇 년 동안 MSA^{Micro Service Architecture}의 부상과 API에 대한 수요 증가로 인해 Node.js의 인기가 높아졌습니다. Node.js 는 개발자가 서버 측 애플리케이션을 쉽게 빌드할 수 있는 가볍 고 확장 가능한 고성능 런타임 환경입니다.

Node.js의 주요 장점 중 하나는 여러 연결을 동시에 처리할 수 있다는 점입니다. 이것은 높은 트래픽 부하를 처리할 수 있는 확장 가능한 애플리케이션을 구축하는 데 필수적인 기능입니다. 따라서 애플리케이션을 개별적으로 개발 및 배포할 수 있는 더 욱 작고 독립적인 서비스로 세분화하는 마이크로서비스 아키텍 처에 적합합니다.

또한 개발자가 API와 웹 애플리케이션을 쉽게 만들 수 있는 방대한 모듈과 라이브러리 에코 시스템이 있습니다. 따라서 다양한 서비스와 애플리케이션을 통합하는 데 필수적인 RESTful API를 구축하는 데 널리 선택되고 있습니다.

마이크로서비스 아키텍처와 API에 대한 수요가 증가함에 따라 Node.js의 인기는 앞으로도 계속 높아질 것으로 보입니다. 또한 Node.js가 오픈 소스고 대규모의 활발한 개발자 커뮤니티가 있다는 사실은 시간이 지남에 따라 계속 발전하고 개선될 것이라는 것을 의미합니다.

02 Java의 MSA, Spring Cloud

기본적으로 한국에서는 아직도 Java가 백엔드 메인으로 자리 잡고 있습니다. 기존에 Java로 만들어진 프로젝트들이 많고 Java 시니어들이 많기 때문에 Java가 메인 언어가 되는 현상은 앞으로도 지속될 것으로 생각됩니다.

그리고 Java 쪽에서의 MSA 발전 역시 무시할 수 없을 것 같습니다. Spring Cloud는 클라우드 네이티브 애플리케이션과 마이크로서비스를 구축하기 위한 강력한 프레임워크입니다. 마이크로서비스 구축에 대한 표준화된 접근 방식, 다른 클라우드 네이티브 기술과의 강력한 통합, API 개발 및 관리 지원으로 인해 많은 조직에서 인기 있는 선택입니다.

Spring Cloud는 Spring Boot 프레임워크를 사용하여 클라우드 네이티브 애플리케이션을 구축하는 데 널리 사용되는 프레임워크입니다. 마이크로서비스와 클라우드 네이티브 애플리케이션을 쉽게 개발하고 배포할 수 있는 도구와 라이브러리 세트를 제공합니다.

Spring Cloud의 주요 장점 중 하나는 마이크로서비스를 구축하는 표준화된 방법을 제공한다는 것입니다. 서비스 검색, 회로 차단기, 분산 추적과 같은 마이크로서비스 구축을 위한 일련의 패턴과 모범 사례를 사용하므로 개발자가 확장 가능하고 탄력적인 애플리케이션을 더 쉽게 구축할 수 있습니다.

Spring Cloud의 또 다른 장점은 Kubernetes, Istio, Prometheus 와 같은 다른 클라우드 네이티브 기술과의 통합입니다. 이를 통해 개발자는 AWS^{Amazon Web Services}, Microsoft Azure, GCP^{Google Cloud Platform}와 같은 클라우드 플랫폼에서 애플리케이션을 쉽게 배포하고 관리할 수 있습니다.

또한 Spring Cloud는 API를 빌드하고 배포하기 위한 일련 의 도구를 제공하는데, 여기에는 API 관리 및 보안을 위한 중 앙 제어 지점을 제공하는 경량 API 게이트웨이인 Spring Cloud Gateway가 포함됩니다.

3장

백엔드 신입 요구사항

실제 사람인 사이트를 통해서 백엔드 신입 취직 조건들을 살펴보겠습니다. 이를 통해 여러분들은 백엔드에 취직하기 위해 준비해야 할 사항들을 명확하게 이해할 수 있습니다.

사람인의 10개 이상의 회사 신입 백엔드 취직 조건을 확인해 보았습니다. 해당 회사들은 최신순으로 정렬해서 검색했습니다. 대기업 중견 중소기업의 조건들을 모두 합친 것이니 참조 바랍니다.

해당 자료는 기본사항과 우대사항으로 구분했습니다.

기본사항은 기본적으로 해당 직군으로 지원하기 위해서 필요한 항목으로, 취업을 목적으로 한다면 필수적으로 갖춰야 할 사항입니다. 보통 개발에 대한 열정과 기본 지식을 확인하는 간단한 사항들이 적혀있습니다. 이 중에서 빈도 순으로 중요도를 확인하시고 하나씩 채워나가시길 바랍니다.

서버 애플리케이션은 Java spring과 Node.js express 같은 프레임워크로 개발이 가능한지를 물어보는 조건입니다.

조건	빈도	종류
서버 애플리케이션 개발 가능하신 분	9	기본
RESTful API에 대한 이해가 있는 분	4	기본
AWS 등 클라우드 서버 기반 구축, 운영에 대한 이해	4	기본
끊임없는 배움과 성장을 추구하는 분	3	기본
디자인, 기획 등 팀원과 원활한 커뮤니케이션이 가능한 분	3	기본
RDBMS 데이터베이스 설계 운용 가능자	3	기본
웹 서비스에 대한 이해가 있는 분	2	기본
논리적이고 체계적인 문제 해결 능력이 있는 분	2	기본
팀원과 원활히 소통하고 협업하실 수 있는 분	2	기본
NoSQL 데이터베이스 설계 운용 가능자	1	기본
사용자 경험을 고려하며 작업하는 분	1	기본
객체 지향 프로그래밍에 대한 이해	1	기본
기본적인 Git 사용	1	기본
Swagger(OpenAPI) 문서화 사용법	1	기본

우대사항은 옵션입니다. 필수가 아닌, 채워 넣으면 좋은 부분들입니다. 이는 회사마다 다릅니다. 저 빈도를 보면서 어떤 부분들을 채워 넣어야 내 취업역량이 향상될지 판단하세요. 또 면접에서 어떤 부분들을 강조할지를 파악할 수 있습니다. 여러분의 강점과 약점을 파악할 수 있는 지표입니다.

우대사항

조건	빈도	종류	
AWS Cloud 환경의 이해 및 활용 경험을 가지신 분	7	우대	
IT 프로덕트 개발 및 유지 관리 경험이 있는 분	5	우대	
Linux 서버 경험	5	우대	
Vue.js 및 React 등 프론트엔드 개발 스킬에 대한 이해	5	우대	
새로운 기술들을 적극적으로 학습과 의지	4	우대	
Git 형상관리 시스템 활용 경험이 있으신 분	3	우대	
컴퓨터 관련 학과 전공	3	우대	
MSA에 대한 이해	3	우대	추천합니다
Docker 활용한 개발 환경 구성 경험	2	우대	추천합니다
Jira, Confluence 등의 활용 경험을 가지신 분	1	우대	
Redis 사용 경험이 있으신 분	1	우대	추천합니다
대용량 데이터 처리를 위한 서버 구조 및 DB 설계 가능자	1	우대	

MySQL(MariaDB) 등 RDBMS 경험이 있으신 분	1	우대
Node.js, Typescript, Python 개발 경험	1	우대
CI/CD 구축 경험	1	우대
Linux & Shell script 작성 경험	1	우대
Pytorch / Tensorflow를 활용한 서비스를 구성해 본 경험	1	우대
AI를 활용한 이미지 처리 경험	1	우대
커뮤니케이션 스킬	1	우대
IT 교육기관 JAVA 개발 교육 수료자	1	우대
공인어학 영어성적을 보유하신 분	1	우대
글로벌 서비스를 위한 아키텍처 설계, 개발 경험이 있으신 분	1	우대
애자일, 스크럼, 칸반 등의 개발 프로세스 경험이 있으신 분	1	우대
TDD 방식을 실무에 적용해 보신 분	1	우대
MLOps 파이프라인 개발 경험	1	우대
Stripe 등을 활용하여 빌링 서비스를 구축	1	우대
Datadog, Grafana, Prometheus 등 모니터링 경험	1	우대
Python 사용 경험이 있으신 분	1	우대

백엔드 로드맵 자세히 알아보기

01 The odin project

(참고 링크)

개요

처음으로 'The odin project'를 추천드립니다.

웹을 가장 쉽고 빠르게 배울 수 있는 방법입니다. 오딘 프로젝트는 무료 오픈소스로 인터넷이 연결되어 있는 사람이라면 누구나 액세스할 수 있습니다.

커리큘럼은 포괄적이며 HTML 및 CSS 기초부터 Node.JS와 MongoDB와 같은 고급 주제까지 다양한 주제를 다룹니다. 커리큘럼에 포함된 프로젝트는 도전적이고 실용적으로 설계되어 학생들이 실제 애플리케이션을 구축할 수 있는 기회를 제공합니다.

해당 강의는 보는 것에서 끝나는 영상 방식이 아닌, 직접 따라 하면서 배우는 방식의 강의입니다. 그렇게 때문에 스스로 공부 속도를 맞춰가며 공부할 수 있는 것이 큰 장점입니다. 개인적으로 'Learn by doing it'이라는 문구를 좋아하는데 빠르게 코딩을 배울 수 있는 방법이라 생각합니다. 오딘 프로젝트는 이 말이 가장 잘 어울리는 과정이 아닐까 생각합니다.

커리큘럼은 주로 영어로 진행되지만, 번역 도구와 커뮤니티 지원 등 비원어민도 이용할 수 있는 리소스도 마련되어 있습니다. 영어 실력이 부족하시면 구글 번역기, 파파고, DeepL를 사용하셔서 학습하면 좋습니다. 오딘 프로젝트에는 학습자와 멘토로 구성된 지원 커뮤니티가 있어 커리큘럼을 진행하는 동안 피드백과 가이드를 제공할 수 있습니다.

오딘 프로젝트는 그 역할에 가장 적합한 웹을 배우는 기술입니다. 영어로 되어있어 접근성이 떨어지지만 이를 추천하는 이유는 오랜 시간 해외에서 검증된 웹 공부 방법이기 때문입니다. 한국의 다양한 웹 강의가 있지만 확률적으로 해당 강의가 더 좋은 퀄리티를 보장합니다.

또한 오딘 프로젝트는 풀스택 Javascript 트랙을 제공하기 때문에 Javascript 기반 웹 개발을 전문으로 하고자 하는 사람들이 관심을 가질 수 있습니다.

오딘 프로젝트의 커리큘럼을 완료하면 프로젝트 포트폴리오를 구축하고 잠재적인 고용주에게 자신의 기술을 보여줄 수 있는 좋은 방법이 될 수 있습니다.

전반적으로 오딘 프로젝트는 웹 개발 학습에 있어 높은 평가를 받고 있는 리소스이며, 프론트엔드 개발 분야에서 경력을 쌓고 싶은 분들에게 훌륭한 출발점이 될 것입니다.

신뢰성

'The odin proeject'는 비전공자에서 개발 공부를 시작한 해외 개발자 유튜버들이 freecodecamp와 함께 추천하는 강의입니다.

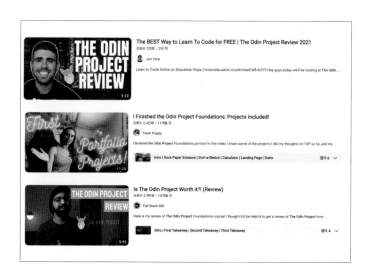

기본적으로 HTML, CSS, Javascript에 대한 기초가 존재합니다. Git, Node.JS 그리고 MongoDB와 같은 심화도 존재합니다. React와 getting hired 강의도 있는데 백엔드로서 해당 강의는 필수는 아니고 옵션입니다.

자세한 목차는 다음과 같습니다. 백엔드로서 취업을 고민하시는 분들을 위해 필수 요소가 아닌, 중요도가 다소 떨어지는 부분들은 option으로 표기를 했습니다.

앞서 말했듯이 오딘 프로젝트는 그대로 따라 하면서 배울 수 있는 강의입니다. 여러분의 공부 속도에 맞춰 공부를 빠르게 또는 느리게 도전할 수 있습니다. 다음은 홈페이지의 화면을 튜토리얼과 같이 간략하게 정리한 자료입니다.

❶ 첫 메인 페이지에서 'View Full Curriculum'을 클릭해 보세요.

➋ 'Full stack Javascript' 강의를 선택해 주세요.

Then choose a learning path:

PATH   7 Courses

Full Stack Ruby on Rails

This path takes you through our entire Ruby on Rails curriculum. The courses should be taken in the order that they are displayed. You'll learn everything you need to know to create beautiful responsive websites from scratch using Ruby on Rails.

Explore

PATH   5 Courses

Full Stack JavaScript

This path takes you through our entire JavaScript curriculum. The courses should be taken in the order that they are displayed. You'll learn everything you need to know to create beautiful responsive websites from scratch using JavaScript and NodeJs.

Explore

❸ Full Stack Javascript를 클릭하면 코스가 나옵니다. 맨

처음의 'intermediate HTML and CSS'를 클릭해 주

세요.

❹ 각 코스에는 레슨들이 존재합니다.

Intermediate HTML and CSS Course

Overview

Let's learn a little more about what you can do with HTML and CSS.

Intermediate HTML Concepts

📖　Introduction

📖　Emmet

📖　SVG

📖　Tables

❺ 번역이 필요하시면 번역을 하면서 각 레슨에 대한 정
보들을 스스로 익힐 수 있습니다. 프로젝트의 문서를
하나씩 따라 하시면 웹에 대한 기초가 생기실 겁니다.

영어가 어려우신 분들은 크롬의 구글 번역 익스텐션을 다운
로드해서 사용하면서 따라해 보세요. 강의가 아니라 문서라 여
러분의 속도에 맞춰서 공부할 수 있습니다.

구글 번역 크롬 익스텐션 링크:

(설치 링크)

02 Harvard CS50

개발자에게 필요한 컴퓨터 과학CS, Computer Science의 전공지
식에 대한 기초도 쌓아야겠죠?

하버드의 데이비드 말란 교수가 제공하는 CS50 강의는 전세
계적으로 유명합니다. Free 코스가 있고 증명서도 주니 여러분
도 도전해 보세요.

왜 들어야 하는가?

해당 강의는 하버드의 CS 비전공자들을 대상으로 만든 코스
입니다. 그리고 매년 꾸준히 업데이트가 되고 있습니다. 저도 듣
고 있는데 python이라는 배우기 쉬운 언어를 채택하고 있고 최
신 프레임워크에 속하는 Flask 도 다루고 있어서 많은 도움이 되
실 겁니다.

한국어로 번역된 사이트들도 존재하지만 최신 자료는 번역
이 되어있지 않기 때문에 불편하시더라도 edx 사이트에서 영상
을 보는 것을 권장합니다. 또한 과제도 있기 때문에 공부를 제대
로 하시려면 edx에서 공부하시길 바랍니다.

영어가 어려운 분들을 위해 한국에서 번역을 해준 사이트가 존재합니다. 하지만 오래된 자료들이 많기 때문에 최대한 영어 공부를 병행하면서 진행해 보세요. 개발자는 영어 자료에 익숙해야 합니다. 부득이한 경우가 아니라면 꼭 edx 사이트에서 공부하시길 바랍니다. 그리고 해당 코스로 듣는 자격증은 edx에서 받는 자격증과는 다른 자격증입니다.

한국어 번역 사이트

(번역 사이트1)

(번역 사이트2)

❶ https://www.edx.org에 접속한 뒤 검색창에 'CS50'을 검색합니다.

❷ 전구가 있는 강좌를 선택해 등록하세요. 'CS50's introduction to computer science'

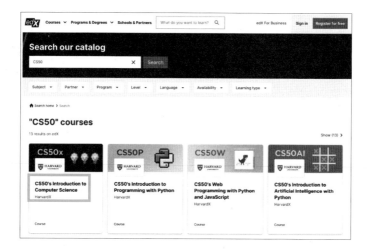

❸ 로그인으로 가입하시고 진행하세요.

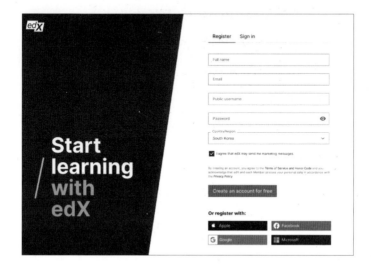

④ Enroll 버튼으로 강의를 들을 수 있습니다.

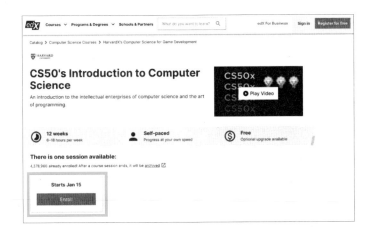

영어가 익숙하지 않을 때

영어가 익숙하지 않으신 분은 영상의 자막과 스크립트를 확인할 수 있는 방법이 있으니 확인해 보세요.

2020년도 Harvard CS50 강의에 대한 간단한 정리를 해주신 한국인 블로거가 있어서 링크를 공유합니다.

(참고 링크)

구독자님의 팁

저희 구독자님께서 영어를 한국어로 실시간으로 번역할 수 있는 좋은 정보를 주셨습니다. 기호에 맞게 사용하시면 좋을 것 같습니다.

스마트폰에서 Harvard CS50 영상을 다운로드하고 'MX플레이어' 앱에서 AI 자막 번역하면 한글로 공부할 수 있습니다. - kkap0009님

인증서(무료)

edx에서 강의를 완료하면 메일로 인증서 관련 메일이 전송됩니다. 해당 양식들을 포맷에 맞게 작성하신다면 아래와 같은 인증서를 무료로 받아볼 수 있습니다. 이력서에도 도움이 될지는 모르겠지만 첨부할 수 있습니다.

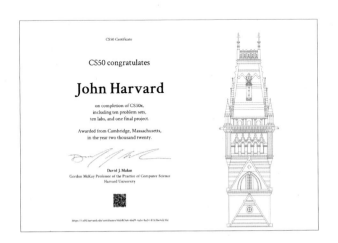

여 하나의 언어에 집중하자

백엔드에서 가장 중요한 것은 언어와 프레임워크에 대한 이해입니다. 백엔드는 프론트엔드보다 변화가 심하지 않기 때문에 깊이 있는 지식이 굉장히 중요합니다. 이를 위해 Java를 선택한다면 spring과 최신 Java 문법에 익숙해져야 합니다. Node.js라면 Javascript나 타입스크립트와 최신 expressjs에 익숙해져야 합니다.

정리하면 다음과 같습니다.

하나의 언어에 집중

- **01** 효율적인 코드 작성
- **02** 코드 품질
- **03** 언어 전문가
- **04** 프로젝트 일관성 유지
- **05** 커뮤니티

01 효율적인 코드 작성

단일 프레임워크에 익숙해지면 효율적인 코드 작성이 가능합니다. 코드를 더 빨리 쓰고, 오류를 해결하는 데 걸리는 시간을 줄이고, 전반적인 생산성을 향상시킬 수 있습니다.

02 코드 품질

하나의 프레임워크에 초점을 맞춘다면 좋은 품질의 코드를 작성하기 쉽습니다. 프레임워크의 기능과 한계에 대한 깊은 이해를 통해 더 신뢰할 수 있고 안전하며 확장 가능한 코드를 작성할 수 있기 때문입니다.

03 언어 전문가

특정 프레임워크의 전문가가 되는 것은 백엔드 개발자가 특정 개발 영역을 전문화하는 데 도움이 됩니다. 이는 연봉과 연관성이 높고 자신의 가치를 시장에 입증하는 방법이며 추후 연봉 상승을 이루는 주요 방법입니다.

04 프로젝트 일관성 유지

단일 프레임워크를 사용하면 프로젝트 간의 일관성도 향상됩니다. 일관된 코딩 방식과 프로젝트 구조를 통해 개발자는 시간이 지남에 따라 다른 개발자들과 쉽게 협업하고 유지/관리할 수 있습니다.

05 커뮤니티

프레임워크에는 종종 지원, 리소스 및 업데이트를 제공하는 대규모의 활성 커뮤니티가 있습니다. 단일 프레임워크에 집중함으로써 백엔드 개발자는 이러한 커뮤니티에 더 많이 참여하고 전문적인 네트워크를 구축할 수 있습니다. 실제 이런 커뮤니티에서 활동하면서 이직하는 사례들도 많으니 OKKY나 다른 커뮤니티에 글을 올려서 나의 팬을 확보하는 것도 연봉 상승이나 CTO로 가는 길입니다.

비슷한 얘기들이 중복되었지만 여러 방면에서 하나의 프레임워크의 중요성을 설명해 보았습니다. 백엔드 개발자는 하나의 언어와 CS 지식의 깊이가 중요함을 계속 생각하시길 바랍니다.

04 사이드 프로젝트에 참여하자

백엔드 개발자는 사이드 프로젝트 참여가 중요하다고 생각합니다. 포트폴리오를 만들 때 프론트엔드가 없다면 고생하는 일이 있기 때문입니다. 그래서 사이드 프로젝트를 해서 백엔드에만 집중하는 것이 필요합니다.

하지만 사이드 프로젝트는 남과 함께하는 작업이기 때문에 내 생각과 내 일정대로 할 수 없다는 것이 큰 단점입니다. 마음이 맞는 상대가 있다면 함께하시는 것이 무조건 좋습니다만, 만약 없다면 파트너를 구해야 합니다. 다만 예상 외로 일정이 미뤄지거나 내가 못 따라가는 상황이 생기면 이미 만든 프론트엔드에 내가 백엔드를 붙이는 것이 더 좋을 수도 있습니다.

만약 포트폴리오 외에 사이드 프로젝트는 다음과 같은 장점이 존재합니다.

사이드 프로젝트에 참여

01	새로운 기술 학습
02	포트폴리오 구축
03	창의성 해소
04	사업 추구
05	네트워킹 기회

01 새로운 기술 학습

일상 업무에서 사용할 기회가 없는 새로운 기술과 기술을 실험할 수 있습니다. 이를 통해 새로운 기술을 개발하고 업계의 최신 동향을 파악하고 연습할 수 있습니다.

02 포트폴리오 구축

사이드 프로젝트는 백엔드 개발자의 기술과 경험을 보여주는 포트폴리오를 구축하는 방법으로도 사용할 수 있습니다. 강력한 포트폴리오는 다른 지원자들과 차별화하고 좋은 직장을 가지고 이직을 할 수 있는 기회를 증가시킵니다.

창의성 해소

사이드 프로젝트에서 작업하는 것은 백엔드 개발자의 관심
사와 열정을 해소할 수 있는 기회를 제공합니다. 창의적인 성향
을 가진 그들이 일상에서는 체계적인 일을 합니다. 하지만 사이
드 프로젝트에서는 자신의 창의성을 드러낼 수 있기 때문에 업
무와는 다르게 휴식이 될 수 있고 번아웃을 예방하는 데 도움이
될 수 있습니다.

04 **사업 추구**

일부 백엔드 개발자들은 자신만의 스타트업을 만들기 위한
아이디어를 개발하거나 기업가적인 가치를 추구하기 위한 방법
으로 사이드 프로젝트를 사용할 수 있습니다. 사업을 구축하고
자신을 위한 기회를 창출하는 훌륭한 방법이 될 수 있고 매너리
즘에서 빠져나올 수 있는 좋은 방법입니다.

사이드 프로젝트는 다른 개발자, 기업가 및 산업 전문가들과 네트워크를 형성하는 방법이 될 수 있습니다. 업계의 다른 사람들과 협력하면 백엔드 개발자가 전문 네트워크를 구축하고 협업 및 학습을 위한 새로운 기회도 만들 수 있습니다. 같은 언어를 사용해도 사용 방식은 사람마다 다르기 때문에 새로운 방법들을 배울 수 있는 좋은 기회입니다.

05　AWS EC2 배포해 보자

백엔드 개발자에게 클라우드 특히 AWS는 필수입니다. 기본 요구사항에도 클라우드가 들어가 있습니다. 이에 우리는 우리의 프로젝트를 AWS EC2에 배포해 봐야 합니다. 배포 방법은 Java와 Node.js를 나눠서 설명해 드리겠습니다. Java와 Node.js로 나눈 이유는 실제 취업시장에서 가장 많이 사용되는 언어이기 때문입니다.

• EC2 인스턴스 생성

첫 번째 단계는 AWS에서 EC2 인스턴스를 생성하는 것입니다. 이 작업은 AWS Management Console 또는 AWS CLI를 통해 수행할 수 있습니다. 인스턴스를 생성할 때 적절한 인스턴스 유형, 운영체제 및 보안 그룹을 선택해야 합니다.

• Java 및 종속성 설치

EC2 인스턴스가 생성되면 다음 단계는 Java 및 Java Spring 애플리케이션에 필요한 기타 종속성을 설치하는 것입니다. 여기에는 데이터베이스, 웹 서버 및 필요한 라이브러리 또는 프레임워크가 포함될 수 있습니다.

• Spring 빌드/패키징

Java Spring 응용프로그램은 WAR 파일과 같은 배포 가능한 형식으로 빌드되고 패키징 되어야 합니다. 이 작업은 maven이나 gradle과 같은 도구를 사용하여 수행할 수 있습니다.

· EC2 인스턴스 배포

애플리케이션이 패키징 되면 SSH 또는 FTP와 같은 도구를 사용하여 EC2 인스턴스에 배포할 수 있습니다. 응용프로그램은 Tomcat 서버의 /opt/tomcat/webapps와 같은 서버의 적절한 디렉터리에 배치되어야 합니다.

· 서버 시작 후 테스트

마지막으로 서버를 시작하고 응용프로그램을 테스트하여 올바르게 실행되는지 확인해야 합니다. 웹 브라우저에서 응용프로그램의 URL로 이동하거나 cURL과 같은 도구를 사용하여 서버에 요청할 수 있습니다.

Javascript NodeJS

· EC2 인스턴스 생성

첫 번째 단계는 AWS에서 EC2 인스턴스를 생성하는 것입니다. 이 작업은 AWS Management Console 또는 AWS CLI를 통해 수행할 수 있습니다. 인스턴스를 생성할 때 적절한 인스턴스 유형, 운영체제 및 보안 그룹을 선택해야 합니다.

• Node.js 및 NPM 설치

EC2 인스턴스를 시작했으면 해당 인스턴스에 Node.js 및 NPM^{Node Package Manager}을 설치합니다. EC2 인스턴스에서 다음 명령을 실행하여 이 작업을 수행할 수 있습니다.

```
sudo apt-get update
sudo apt-get install nodejs
sudo apt-get install npm
```

• 소스코드 복사

Git 저장소에서 EC2 인스턴스로 Node.js/Express.js 애플리케이션을 복제합니다. Git를 사용하여 EC2 인스턴스에서 애플리케이션을 복사할 수 있습니다.

• package 설치

응용프로그램의 루트 디렉터리로 이동하고 다음 명령을 실행하여 응용프로그램의 종속성을 설치합니다.

```
npm install
```

• 프로그램 시작

package가 설치되면 다음 명령을 실행하여 응용프로그램을 시작합니다.

```
npm start
```

• 리버스 프록시 설정

기본적으로 Node.js 응용프로그램은 포트 3000에서 실행됩니다. 그러나 AWS EC2 인스턴스는 기본적으로 특정 포트에서만 트래픽을 허용합니다. 인터넷에 노출하려면 포트 80 또는 443의 수신 트래픽을 포트 3000에서 실행 중인 응용프로그램에 매핑하는 리버스 프록시를 설정해야 합니다. Nginx와 같은 도구를 사용하여 역방향 프록시를 설정할 수 있습니다.

• 서버 테스트

리버스 프록시를 설정했으면 웹 브라우저에서 공용 IP 주소 또는 도메인 이름을 방문하여 응용프로그램을 테스트합니다.

HTTPS 대응에 대한 순서는 해당 문서에서는 제공해 드리고 있지 않습니다. 어떤 키워드로 검색해서 해결하는지와 해결 순서 정도만 알려드립니다. AWS의 UI가 항상 바뀌기 때문에 블로그 글들이나 유튜브들을 최신순으로 필터링해서 꼭 자료를 검색하시길 바랍니다.

❶ 도메인 구입(가비아를 추천합니다)

❷ AWS Route53에 도메인 설정

❸ AWS ACM(AWS Certificate Manager) 설정

❹ AWS EC2 target group 설정

❺ AWS ALB(Application Load Balancer)

❻ AWS Route53에 ALB 설정 입력

Swagger로 REST API 문서 만들자

EC2 배포와 함께 우리는 Swagger 문서를 만들 줄 알아야 합니다. Swagger란 개발자가 REST 웹 서비스를 설계, 빌드, 문서화, 소비하는 일을 도와주는 오픈소스 소프트웨어 프레임워크입니다. 현재는 OpenAPI 3.0 으로 이름이 변경되었습니다.

기본적으로 백엔드에서 포트폴리오 제출은 이 REST API 문서와 아키텍처 그림을 제공하는 일입니다. 프론트엔드 페이지를 보여주는 것이 아닙니다.

그래서 항상 이 문서를 잘 만들어야 합니다.

위와 같은 스크린을 한 번쯤은 보셨을지도 모르겠습니다. 해당 툴의 이름은 swaggerUI로서 REST API를 테스트할 수 있는 웹 페이지인 동시에 REST API의 정의에 대해 적힌 문서입니다.

- Java spring

Java spring에서는 다음과 같이 추가할 수 있습니다. 하지만 spring 버전과 swagger 버전은 항상 변경되기 때문에 참고 바랍니다. 로컬에서는 이런 식으로 작동하므로 동작을 확인하세요.

http://localhost:8080/swagger-ui.html

EC2 배포 시에는 IP 뒤에 /swagger-ui.html를 확인 바랍니다.

```
dependencies {
   ...
   implementation
   'io.springfox:springfox-boot-starter:3.0.0'
}
```

• NodeJS

NodeJS에서는 다음과 같은 라이브러리를 추가하면 사용할 수 있습니다.

```
{
    'swagger-jsdoc': '^6.2.1',
    'swagger-ui-express': '^4.4.0'
}
```

다만 Node.js에서는 swagger schema를 작성해야 한다는 점이 굉장히 불편합니다. 새롭게 배워야 하는 것도 있고 빠뜨리는 부분들도 많을 것입니다. 하지만 이런 과정들이 있어야 문서에 대한 공유가 쉬워지기 때문에 꼭 빠뜨리지 않기를 바랍니다.

06 AWS serverless 경험해 보자

AWS 서버리스는 클라우드 제공자가 인프라를 관리하고 필요에 따라 컴퓨팅 리소스를 자동auto-scaling으로 할당해 개발자가 코드 작성과 배포에 집중할 수 있도록 하는 최신 클라우드 기술입니다. 백엔드 개발자로서 AWS Serverless의 이점과 중요성을 정리했습니다.

문서화

서버리스는 로직과 코딩에 전념할 수 있도록 도와주는 아키텍처입니다. 이에 우리는 문서를 쓰는 시간도 확보할 수 있습니다. SwaggerOpen API 3.0를 활용해서 문서를 배포하는 방식도 익혀야 합니다. AWS serverless를 통해서 배포하는 것은 아니지만 여러분은 배포하는 방법을 익혀야 합니다.

(참고 링크)

기본적으로 AWS servereless 아키텍처라면 api gateway + lambda + dynamodb + S3 정도를 의미합니다. 동작을 간단하게 설명하면 여러분이 요청한 URL은 api gateway에서 받고 lambda는 컴퓨팅을 담당하고 DB는 dynamodb가 담당합니다. 이미지나 다른 파일 관련 저장소는 S3에서 처리를 담당합니다.

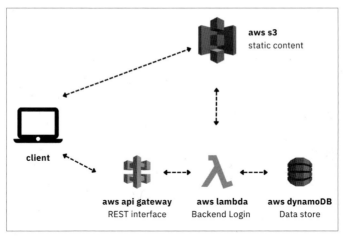

▲ 서버리스 아키텍처

기본적으로 사용한 만큼 가격이 나가기 때문에 굉장히 저렴한 가격으로 운영할 수 있습니다.

AWS Serverless를 사용하면 백엔드 엔지니어가 애플리케이션을 실행하는 데 필요한 인프라 관리에 대해 걱정할 필요가 없습니다. 여기에는 서버, 운영체제 및 기타 리소스가 포함됩니다. 대신 AWS가 인프라 관리를 처리하여 백엔드 개발자가 코드나 논리 작성 및 배포에 집중할 수 있도록 합니다.

저는 이 코드 작성과 로직에 집중할 수 있는 것이 가장 중요하다고 생각합니다. 서버 설정이나 다른 잡다한 설정에 매달리는 것보다 코드 작성과 로직 작성이 최우선이 되어야 하는 백엔드 엔지니어에게 너무 불필요한 작업이 아닌가 생각합니다. 다만 취직하려면 어쩔 수 없이 기존에 배포 관리하는 방식들을 익혀야 합니다.

효율적인 비용

AWS Serverless는 사용량에 따라 요금을 지불하는 모델입니다. 즉, 애플리케이션이 실제로 사용하는 리소스에 대해서만 비용을 지불합니다. 이는 실제 사용량이 아닌 예상 사용량을 기준으로 리소스를 할당하는 기존 서버 기반 컴퓨팅 모델에 비해 비용 효율적인 옵션이 될 수 있습니다.

AWS Serverless는 애플리케이션 사용량에 따라 컴퓨팅 리소스와 데이터베이스를 자동으로 확장하거나 축소합니다. 즉, 백엔드 개발자는 최대 부하를 처리하기 위해 리소스를 과도하게 프로비저닝하거나 성능 문제로 이어질 수 있는 리소스를 충분히 프로비저닝하지 않아도 됩니다. 기존의 서버를 빌리는 방식은 언제든 서버가 터질 수 있는 가능성이 있습니다. 하지만 서버리스는 그런 걱정을 할 필요가 없습니다. 사용한 만큼 내면 되니 커머스와 같이 트래픽이 돈이 되는 곳에서는 서버리스가 큰 장점을 가진다고 생각합니다.

간편한 배포 및 관리

AWS Serverless를 사용하면 백엔드 개발자는 AWS Lambda, API Gateway 및 DynamoDB와 같은 AWS 서비스를 사용하여 애플리케이션을 쉽게 배포하고 관리할 수 있습니다. 이러한 서비스는 개발자에게 서버리스 애플리케이션을 구축, 배포 및 관리하는 데 필요한 도구를 제공합니다. API gateway에 Swagger를 붙이는 기능 외에도 APIKEY로 제한하는 방법 등 수많은 간편한 설정들이 있기 때문에 사용하기 좋습니다.

AWS Serverless를 사용하면 백엔드 개발자가 기존 서버 기반 컴퓨팅 모델보다 빠르게 애플리케이션을 개발하고 배포할 수 있습니다. 인프라를 관리하는 대신 코드를 작성하고 배포하는 데 집중할 수 있어, 개발 주기가 단축되고 출시 시간이 단축되기 때문입니다. 그렇기 때문에 스타트업에서 이런 간단한 배포와 로직에 집중할 수 있는 서버리스는 큰 장점을 지닙니다.

전반적으로 AWS Serverless는 백엔드 개발자에게 인프라 관리 감소, 비용 효율성, 확장성, 손쉬운 구현 및 관리, 출시 시간 단축 등의 많은 이점을 제공합니다. 백엔드 개발자는 AWS 서버리스 서비스를 활용하여 인프라를 관리하는 대신 코드를 개발하고 배포하는 데 집중할 수 있으므로 보다 효율적이고 효과적인 애플리케이션 개발이 가능합니다. 이런 장점 때문에 저는 서버리스가 제일 효율적인 아키텍처라고 생각합니다.

09 PostgreSQL 사용하자

MySQL은 기본이라고 생각합니다. 혹시나 MySQL을 하지 않고 PostgreSQL을 사용하시려면 MySQL부터 시작하는 것을 추천드립니다. 하지만 그럼에도 PostgreSQL을 추천하는 이유는 속도와 확장성 그리고 JSON 데이터 타입 때문입니다.

여러분이 들어가는 회사는 어떤 DB를 사용하는지 모릅니다. 여러 DB를 사용하는 것이 다른 지원자들과 큰 강점으로 다가올 것입니다. 같은 REST API를 각기 다른 DB로 마이그레이션 해 보는 것은 포트폴리오에 도움이 되고 여러분에게 큰 장점이자 기회입니다.

백엔드 개발자로서 여러분은 어떤 DB가 어떤 상황에 강점을 가지는지, 왜 써야 하는지는 명확히 알아야 합니다. 새로운 서비스와 설계를 시작할 때 각 상황에 맞는 DB를 선택하고 복잡한 스키마가 필요한 상황이라면 JSON 타입을 사용해서 ERD 설계를 진행해야 합니다. 여러 영어문서들과 비교 문서들을 최신 문서 기준으로 읽는 연습을 해봐야 합니다.

오라클과 마이크로소프트 서버를 빼고 생각한다면 아마 MySQL과 PostgreSQL이 남고 대부분을 차지합니다. PostgreSQL 다음은 MongoDB를 차지하네요. 비싼 DB들을 제외하면 MySQL, PostgreSQL, MongoDB가 대세라는 것을 보여주는 사례입니다.

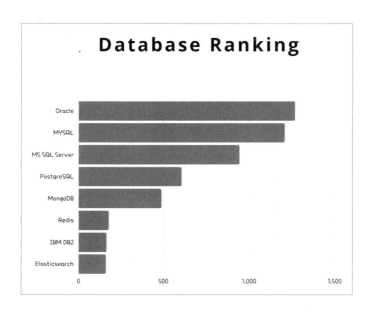

다음의 링크들을 참고해서 간단하게 시각화해봤습니다. 한글로 표현하기 어려운 부분들이 있어 영문을 그대로 활용한 점 양해 바랍니다.

	MYSQL	PostgreSQL
Normal WRITE		fast
Normal READ	fast	
Normal Update		fast
JSON Write 속도	3501 ms	2279 ms
JSON Read 속도	49 ms	31 ms
JSON Update 속도	62 ms	26 ms
Data types	5개	20개 이상
Case sensitivity	No	Yes
UTF-8	conversion required	conversion not required
Conditional	IF(), NULLIF() functions	CASE, WHEN statement
DROP CASCADE	NO	YES
DROP TEMPORARY TABLE	YES	NO
TRUNCATE	Yes, only truncate	Yes, with enhancing option
FULL OUTER JOIN	NO	YES
INTERSECT and EXCEPT	NO	YES
Windows Function	일부	모두

(참고 링크)

　PostgreSQL 같은 경우는 RDBMS와 NoSQL의 장점을 섞은 제품입니다. 확장성을 위한 설계가 잘 되어있고 Read 특화된 RDBMS에 비해 Update와 Write에 복잡한 DB 설계에 적합하다고 알려졌습니다.

　이를 견제하기 위해 RDBMS에서도 JSON 타입을 넣으면서 확장성에 대한 설계를 추가했는데 추후 미래가 기대됩니다. 그리고 MySQL도 설계를 바꾸면서 기존에 Read에 강점이 줄었다는 의견이 존재하네요.

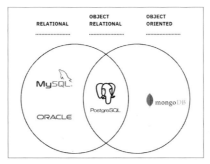

▲ postgreSQL 아키텍처

08 MongoDB를 사용하자

많은 기업에서 NoSQL을 사용합니다. NoSQL의 경우 속도와 확장성에 대한 장점이 너무 크다 보니 무결성이 중요한 은행권에서도 NoSQL을 사용하는 상황까지 이르렀습니다. 스타트업은 스키마가 지정된 DB보다는 언제든 확장시킬 수 있는 NoSQL로 서비스하는 것이 마음에 편해서 많이 사용합니다. 하지만 실제 사용 비율은 RDBMS에 비해 낮기 때문에 공고를 보면 아직도 우선순위는 높지 않습니다. 다만 여러분이 스타트업에 취업한다면 그 비율은 꽤 높기 때문에 미리 준비해놓는 것이 좋다고 생각합니다.

개요

MongoDB는 분산형 문서 지향 데이터베이스로, 여러 서버에서 수평적으로 확장할 수 있도록 설계되어 대량의 데이터와 트래픽을 처리할 수 있습니다. 이러한 확장성을 달성하기 위해 MongoDB는 쿼리 라우터, 구성 서버, 샤드의 조합을 사용합니다.

다음은 각 구성 요소에 대한 간략한 개요입니다.

• Shard

샤드는 여러 서버에 분산되어 있는 데이터의 수병석 파티션입니다. 각 샤드에는 데이터의 하위 집합이 포함되어 있으며, 이를 통해 MongoDB는 여러 서버에 데이터를 분산하여 성능과 확장성을 개선할 수 있습니다.

• Config Server

구성 서버는 각 샤드의 위치 및 각 샤드에 포함된 데이터 조각에 대한 정보를 포함하여 MongoDB 클러스터의 메타데이터를 저장하는 역할을 담당합니다. 또한 구성 서버는 쿼리 라우터와 협력하여 쿼리를 적절한 샤드로 라우팅합니다.

• Query Router

쿼리 라우터는 클라이언트 애플리케이션과 MongoDB 클러스터 사이의 프록시 역할을 합니다. 쿼리 라우터는 클라이언트 애플리케이션으로부터 들어오는 쿼리를 수신하고 구성 서버에 저장된 메타데이터를 기반으로 쿼리를 전송할 샤드를 결정합니다. 그런 다음 쿼리 라우터는 적절한 샤드에서 결과를 집계하여 클라이언트 애플리케이션에 반환합니다.

요약하자면, MongoDB의 아키텍처는 샤드를 사용하여 여러 서버에 걸쳐 데이터를 수평적으로 분할하고, 구성 서버는 클러스터에 대한 메타데이터를 저장하고 쿼리 라우팅을 조정하며, 쿼리 라우터는 클라이언트 애플리케이션과 MongoDB 클러스터 사이에서 프록시 역할을 합니다. 이 아키텍처를 통해 MongoDB는 높은 수준의 성능과 확장성을 유지하면서 대량의 데이터와 트래픽을 처리할 수 있습니다.

사용률

기존의 RDBMS와 비교를 해보면 역시 점유율에서는 밀리지만 그래도 NoSQL에서는 1등이고 PostgreSQL과 비교해도 괜찮은 비율을 가지고 있어서 미래가 기대됩니다.

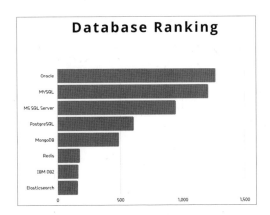

대척점에 있는 RDBMS의 MySQL을 비교했습니다. 각각에
대한 설명은 해당 문서에서는 대응하지 않으니 참조 링크에 설
명이나 직접 어떤 의미인지 찾아보면서 공부하시는 걸 추천드립
니다.

	MySQL	MongoDB
Written in	C++, C	C++, C and JavaScript
Database Type	RDBMS	Document-oriented
Schemas	Static	Dynamic
Risk	Risk of SQL injection attacks	Less risk of attack due to design
Scaling	Vertically	Horizontally
Rich Data Model	No	Yes
Complex Transactions	Yes	No
Auto-sharding	No	Yes
Data Locality	No	Yes
Typed Data	Yes	Yes
Analytics and Ell ready	Yes	Yes
Easy for Programmers	No	Yes

　　기본적인 개념은 책에서 설명은 드리지만 자세한 내용을 전부 적는다면 관련 내용만 40페이지를 넘어갈 수도 있어서 확인하고 공부하면 좋은 링크들을 정리했습니다. 스스로 공부하면서 최신 업데이트들은 공식 홈페이지를 꼭 참고해서 기억해 두는 것을 추천드립니다.

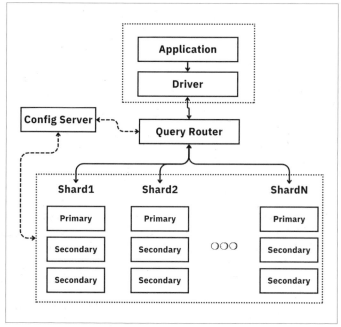

▲ MongoDB 아키텍처

MongoDB에서 가장 중요한 것은 Sharding입니다. 병렬로 데이터들을 분산 저장해놓기 때문에 데이터를 읽어올 때도 여러 리퀘스트가 들어오는 상황에서 한 곳에 집중되는 RDBMS와는 달리 병목현상을 줄일 수 있기 때문입니다. 이는 각 샤딩에 맞게 분배해 주는 '쿼리 라우터'라는 기능이 대신하고 샤딩이라는 병렬 저장소가 있기 때문입니다.

MongoDB는 기본적으로 RAM에 데이터를 저장하기 때문에 하드에 저장하는 것보다 처리 속도가 훨씬 빠릅니다. 하지만 무조건은 아니고 RAM에 저장할 용량을 넘어선다면 추후는 하드에 가상램이란 걸 설치하여 사용하는데 이때는 속도가 떨어지게 됩니다. RAM은 전원이 꺼지면 없어지기 때문에 쉬는 시간에는 하드에 저장합니다.

(참고 링크1)

(참고 링크2)

09 VueJS로 프론트 개발하자

우대사항에 있는 프론트엔드에 대해서 개인적으로는 여러분이 추가하면 화룡정점이지 않을까 생각합니다. 이미 위에 있는 사항으로 충분하지만 여러분의 마지막을 장식할 VueJS를 소개합니다.

왜 React가 아니라 VueJS인가?

가장 중요한 것은 쉽기 때문입니다. Vue는 통일된 양식과 문법을 지니기 때문에 백엔드 개발자가 프론트엔드에 들어가는 지식을 최소한으로 줄여줍니다. Vue는 개발에 필요한 모든 기능들을 통합해서 제공하겠다는 프레임워크입니다. React는 JavaScript의 라이브러리라고 말합니다.

혹시 프레임워크와 라이브러리가 의미에서 차이점이 있는 것이 느껴지시나요? 우리는 취업에 많은 시간이 있지 않기 때문에 웹 사이트를 빠르게 만들 수 있게 많은 기능을 통합해서 제공하는 Vue를 선택해야 합니다. 왜냐하면 빠르게 우리가 원하는 웹 사이트를 만들 수 있기 때문입니다. 그래서 바로 공식사이트를 들어갈 필요도 없이 템플릿을 사용합니다.

❶ 무료 테마들 중에서 내가 만든 REST API와 가장 비슷
한 걸 찾습니다. 우리가 만든 REST API는 보통 로그
인 기능 + CRUD 기능이기 때문에 해당 기능만 구현
할 수 있는 템플릿을 찾습니다.

(참고 링크)

❷ 저는 다음의 그림이 좋아보입니다.

▲ VueJS 템플릿

❸ 공식 문서들을 보면서 여러분의 REST API와 연결하는 작업을 시작합니다. 이 과정에서 여러분은 Vue3에 대해서 배울 것이고 해당 작업은 여러분의 포트폴리오에서 꽤 좋은 평가를 얻을 것입니다.

❹ 해당 포트폴리오는 총 3가지 장점이 존재합니다. MySQL / PostgreSQL / MongoDB로 만든 여러분의 REST API 모든 것을 커버한다는 점입니다. 만약 이 사이트에 여러분의 REST API 문서까지 링크로 걸어 놓을 수 있다면 아주 훌륭한 포트폴리오가 됩니다.

5 장
전공지식 더 깊게 공부하기

백엔드 개발자에게 CS 전공지식은 중요합니다. 트렌드를 많이 타지 않는 개발이므로 깊은 지식에 대한 이해가 중요합니다. 데이터베이스에 대한 이해와 프레임워크에 대한 이해 그리고 언어 자체에 대한 이해가 바탕이 되어야 합니다.

전공지식이 중요한 이유

01 효율적이고 최적화된 코드 작성

02 문제 해결 능력 향상

03 확장 가능한 시스템 설계 능력

04 다른 엔지니어와의 협업

05 새로운 기술 습득력

01 효율적이고 최적화된 코드 작성

컴퓨터 과학 지식을 갖춘 백엔드 개발자는 효율적이고 최적화된 코드를 작성할 수 있습니다. 알고리즘, 데이터구조 및 복잡성 분석을 이해하여 더 빠르고, 메모리를 덜 소비하며 보다 적은 리소스를 사용하는 알고리즘을 만들어 서버의 성능을 향상시킬 수 있습니다.

02 문제 해결 능력 향상

컴퓨터 과학 지식은 백엔드 개발자들이 복잡한 문제를 효율적으로 해결할 수 있게 해줍니다. 문제를 분석하고 그것을 더 작고 관리하기 쉬운 부분으로 분해하는 문제 해결 능력을 기르기 위해서는 전공지식의 공부가 필수입니다.

03 확장 가능한 시스템 설계 능력

증가하는 유저들의 수요에 맞게 확장할 수 있는 시스템이나 클라우드를 설계하는 능력은 백엔드 개발자에게 필수입니다. 전공지식을 갖춘 백엔드 개발자는 많은 양의 데이터를 처리할 수 있는 강력한 아키텍처와 데이터베이스를 만들 수 있어야 합니다.

다른 개발자와의 협업

백엔드 개발자는 프론트엔드 개발자, 풀스택 개발자 및 데이터 과학자를 포함한 다른 엔지니어와 보다 효과적으로 협업해야 합니다. 전공지식을 깊게 알아야만 다른 개발자와의 소통에서 문제가 없고, 포괄적이고 확장 가능한 솔루션을 도출할 수 있습니다.

새로운 기술 습득력

전공지식은 해당 분야의 최신 기술과 동향을 파악할 수 있도록 도와줍니다. 이러한 지식을 통해 새로운 데이터베이스나 프레임워크를 업무에 원활하게 통합할 수 있습니다.

예를 들어 AWS의 AuroraDB를 도입하려고 할 때, 아키텍처를 이해하고 현재 서비스에 적합한지를 판단해야 합니다. 다른 예로는 Java spring에 비동기를 도입하려할 때 로직 처리를 위한 시퀀스 다이어그램을 그려서 에러가 나올만한 부분들을 명확하게 인지해야 합니다. 이처럼 새로운 지식을 도입할 때는 전공지식이 굉장히 중요합니다. 프레임워크의 메이저 버전이 바뀔 때 이를 도입하려 하면 1년이 넘게 걸릴지도 모르기 때문입니다.

01 공부에 도움이 되는 책들

제가 추천드리는 책이지만, 사실 책은 트렌드를 빠르게 반영하는 것엔 한계가 있기 때문에 크게 추천드리지 않습니다. 오히려 유튜브와 공식 문서를 더욱 추천드립니다. 최신 클라우드 트렌드를 따라갈 수 있는 방향으로 준비하시는 것이 좋을 것 같습니다.

- effective java
- ddd start
- clean code
- 객체지향의 사실과 오해
- netty in action
- micro service pattern
- 모던 리눅스 관리
- Redis 운영 관리
- 쿠버네티스 입문

ERD 설계

데이터베이스 설계와 관련하여 가장 중요한 단계 중 하나는 Entity-Relationship Diagram[ERD]을 만드는 것입니다. ERD는 데이터베이스 내에서 서로 다른 개체 간의 엔티티, 속성 및 관계를 시각적으로 표현한 것입니다. 백엔드 개발팀에서 소통하기 위해, ERD를 사용해서 데이터베이스 구조를 시각화 시키는 방법입니다. 팀 내에서 데이터베이스를 얘기할 때 ERD를 사용하면 말로 소통하는 시간을 확실하게 줄여줄 수 있습니다.

ERD를 작성하는 방법에 대해서는 관계형 데이터베이스[RDBMS]와 NoSQL 데이터베이스 간의 차이점을 나눠서 간략하게 설명하겠습니다.

RDBMS 및 ERD

관계형 데이터베이스는 가장 일반적으로 사용되는 데이터베이스 유형입니다. 관계형 데이터 모델을 사용하여 데이터를 고유한 기본 키를 가진 테이블로 구성합니다. MySQL, Oracle 및 PostgreSQL와 같은 RDBMS SQL은 고정 스키마를 사용합니다.

즉, 테이블과 열이 미리 정의되고 데이터는 해당 열에 해당하는 행으로 구성됩니다. RDBMS용 ERD는 테이블을 주 객체로 하여 설계되었으며, 이러한 테이블 간의 관계는 외부 키로 표현됩니다.

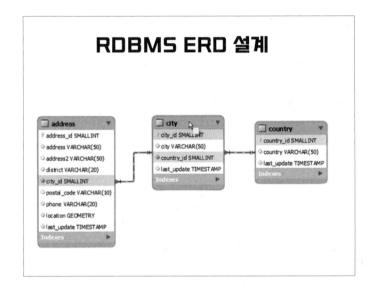

RDBMS에 대한 ERD를 생성할 때는 데이터베이스에 저장될 모든 엔티티와 속성을 식별하는 것이 중요합니다. 엔티티는 고객, 주문 및 제품과 같은 실제 세계에 존재하는 객체로 생각할 수 있습니다. 속성은 이름, ID 또는 가격과 같은 엔티티의 속성입니다. 모든 엔티티 및 속성이 식별되면 각 테이블이 단일 엔티티를 나타내는 테이블로 구성될 수 있습니다.

RDBMS에서 테이블 간의 관계는 다른 테이블의 기본 키를 참조하는 외부 키로 표시됩니다. 예를 들어 고객용 테이블과 주문용 테이블이 있는 경우 주문 테이블에 고객 테이블의 기본 키를 참조하는 외부 키가 있을 수 있습니다. 이는 각 주문이 단일 고객에 속한다는 사실을 나타냅니다.

NoSQL과 ERD

NoSQL 데이터베이스는 비관계형 데이터 모델을 사용하여 데이터를 저장합니다. 테이블 대신 NoSQL 데이터베이스는 데이터 개체의 컨테이너로 생각할 수 있는 컬렉션을 사용합니다. MongoDB, Cassandra 및 Couchbase와 같은 NoSQL 데이터베이스는 스키마가 없도록 설계되었기 때문에 미리 정의된 테이블 없이 컬렉션에서 데이터를 추가 및 제거할 수 있습니다. NoSQL 데이터베이스의 ERD는 일반적으로 컬렉션을 주 객체로 설계되며, 이러한 컬렉션 간의 관계는 내장된 문서 또는 문서 참조로 표시됩니다.

NoSQL 데이터베이스에 대한 ERD를 작성할 때는 서로 다른 컬렉션 간의 관계를 식별하는 데 중점을 둡니다. 예를 들어, 고객용 컬렉션과 주문용 컬렉션이 있는 경우 외부 키를 사용하여 별도의 주문 컬렉션에 연결하는 대신 주문 정보를 고객 문서에 포함할 수 있습니다. 이렇게 하면 데이터를 더 빠르고 효율적으로 쿼리할 수 있지만 컬렉션 간의 관계를 관리하기가 더 어려워질 수도 있습니다.

데이터베이스를 설계하고 ERD를 작성할 때 RDBMS와 NoSQL 중에서 선택하는 것은 응용프로그램의 특정 요구사항에 따라 달라집니다. RDBMS는 데이터 개체 간의 복잡한 관계를 필요로 하는 애플리케이션에 적합한 반면, NoSQL 데이터베이스는 확장성과 유연성이 필요한 애플리케이션에 적합합니다. RDBMS와 NoSQL 데이터베이스 간의 차이점과 ERD 설계에 미치는 영향을 이해하는 것은 잘 설계되고 효율적인 데이터베이스를 만드는 데 중요합니다.

여3 부트캠프 추천

제가 추천하는 백엔드 부트캠프는 기본적으로 하나에만 집중하는 곳입니다. 백엔드면 백엔드, 프론트엔드면 프론트엔드 하나만 집중하는 부트캠프가 여러분의 취직에 도움이 됩니다. 부트캠프나 국비지원 중에 여러가지를 한꺼번에 하려고 하는 곳이 있는데 사실 5개월 정도 되는 짧은 시간에 다양한 개발을 경험하기 어렵습니다. 더불어 여러 분야를 한 사람의 강사가 담당하기도 힘들고 확률적으로 전문성도 떨어지기 쉽기 때문에 좋은 강의 퀄리티를 기대하기도 힘듭니다.

백엔드만 집중해서 알려주는 부트캠프는 일반적으로 데이터베이스, 코딩 테스트, CS 지식, REST API 개발 등 모든 것을 다루는 포괄적인 커리큘럼을 제공합니다. 그리고 백엔드에서 코딩 테스트를 많은 기업에서 보기 때문에 코딩 테스트 커리큘럼이 존재하는 부트캠프는 여러분에게 많은 도움이 될 수 있습니다.

여러 개발 영역을 배우는 데 관심이 있다면 더욱 광범위한 주제를 다루는 부트캠프를 선호할 수 있습니다. 이러한 유형의 부트캠프는 개발 기술에 대한 광범위한 개요를 제공할 수 있지만, 특정 영역에 대한 심층적인 지식이나 경험을 많이 얻지 못할 수도 있다는 점을 명심해야 합니다.

백엔드 부트캠프를 선택할 때 고려해야 할 중요한 요소 중 하나는 강사의 자질입니다. 업계에서 일한 현업 경험이 있고 학생들을 성공적으로 가르치고 멘토링한 실적이 있는 숙련된 강사가 있는 부트캠프를 찾아보세요. 훌륭한 강사는 학습 경험에 큰 차이를 만들 수 있으며 프로그램 전반에 걸쳐 귀중한 지침과 지원을 제공할 수 있습니다.

또한 최신 채용공고를 제대로 만족하는 부트캠프인지를 고려해보세요. 기본사항은 대부분 만족할 수밖에 없지만 우대사항을 만족하지 못하는 곳들이 생각보다 많습니다.

다음은 부트캠프를 선택하는 기준입니다. 중요도 순서가 아닙니다. 해당 기준을 4개 정도 만족한다면 충분히 좋은 부트캠프라고 생각하고 진행하셔도 좋을 것 같습니다. 필수적으로 백엔드만을 배우는 것을 가정합니다.

이런 기준과 함께 제가 백엔드 부트캠프에서 중요하다고 생각하는 기준들을 바탕으로 아래 부트캠프들을 추천드립니다. 순서는 의미가 없을 것 같습니다. 여러분이 지원하는 시기에 어디든 지원하면 좋은 결과를 가져올 수 있을 것 같습니다.

패스트캠퍼스

기본적인 CS 지식과 Java강의로 spring에 집중한 강의입니다. AWS 배포도 지원하고 있으므로 기본사항을 잘 만족하는 커리큘럼이라고 생각합니다.

패스트캠퍼스 부트캠프

01	Git/Github
02	Java
03	Java Spring
04	CS 지식
05	TDD
06	협업 프로젝트

커리큘럼이 기본적으로 너무 간단하지만, 그만큼 기본에 충
실한 부트캠프입니다. 코딩 테스트에 큰 장점을 지닌 부트캠프
입니다.

제로베이스 부트캠프

01 CS 지식

02 Java 기초/심화

03 Spring 기초

04 개인프로젝트

05 Spring 심화

기본적인 Java와 spring에 집중한 강의입니다. AWS 클라우드에 집중할 수 있는 부트캠프로 추천드립니다. 개인적으로 백엔드는 클라우드와 친숙해야 한다고 느끼기 때문에 큰 도움이 될 거라 생각합니다.

프로그래머스 부트캠프

01	Java 기초/심화
02	데이터베이스
03	Spring 기초
04	REST API 개발
05	Spring 심화
06	클라우드 서비스
07	최종 프로젝트

Java와 spring 그리고 클라우드에 집중한 부트캠프입니다.
CS 지식은 조금 아쉽지만 기본적인 공고를 만족하며 클라우드
에 집중한 코스라서 추천드립니다.

코드스테이츠 부트캠프

- **01** Java 기초/심화
- **02** CS 지식
- **03** Spring 기초/심화
- **04** 클라우드 서비스
- **05** 협업 프로젝트
- **06** 커리어 상담

6장
백엔드 면접에 나오는 질문들

백엔드 면접에 나오는 질문들을 통해 여러분의 면접 실력을 향상시키세요.

질문들에 제가 답변을 드리는 것은 여러분의 사고 확장에 도움이 되지 않습니다. 그렇기 때문에 여러분이 직접 정리하면서 실력이 늘 수 있도록 지금 공유드리는 리스트들을 여러분의 방법으로 정리하고 외우도록 노력하세요.

정리나 외우기가 완료되었다면 체크리스트들을 확인하면서 여러분의 면접 실력을 향상시키세요.

체크	질문	중요도	종류
	브라우저 주소창에 www.google.com을 입력하면 어떤 일이 일어나나요?	***	CS 지식
	Restful API에 대해 설명해 주세요.	***	
	프레임워크와 라이브러리의 차이에 대해 설명해 주세요.	***	
	GET과 POST의 차이는 무엇인가요?	***	
	객체 지향 프로그래밍이란 무엇인가요?	***	
	HTTP METHOD에 대해 설명해 주세요.	***	
	HTTP 상태 코드에 대해 말해주세요.	***	
	프로세스와 스레드의 차이에 대해 설명해 주세요.	***	
	RDBMS와 NoSQL의 차이에 대해 설명해 주세요.	***	
	CORS(Cross-Origin Resource Sharing)에 대해 설명해 주세요.	***	
	OAuth 2.0의 흐름에 대해 간단히 설명해 주세요.	***	
	마이크로서비스와 모놀리틱 서비스의 차이를 설명해 주세요.	***	
	세션과 쿠키의 차이를 설명해 주세요.	***	
	CI/CD란? 적용해 본 적이 있나요?	***	
	Call By Value와 Call By Reference의 차이에 대해 설명해 주세요.	***	
	DB에서 인덱스를 잘 사용하면 어떤 장점이 있을까요?	**	
	절차 지향 프로그래밍과 객체지향 프로그래밍의 차이점에 대해 설명해 주세요.	*	

질문	중요도	분류
Java의 컴파일 과정에 대해 설명해 주세요.	***	Java
Java 11을 사용했다고 하는데, Java 11의 특징은 무엇인지?	***	
JVM의 역할에 대해 설명해 주세요.	***	
GC 가비지 컬렉션에 대해 아는 대로 설명해 주세요	***	
Java에서 제공하는 원시 타입들에 무엇이 있고, 각각 몇 바이트를 차지하나요?	**	
오버라이딩(Overriding)과 오버로딩(Overloading)에 대해 설명해 주세요.	***	
객체지향 프로그래밍(OOP)에 대해 설명해 주세요.	***	
JPA를 사용했던데 Mybatis 사용해 본 경험이 있는지? JPA와 Mybatis는 무엇이 다른지?	**	
Sync와 Async의 차이를 아는지?	**	
try-with-resources에 대해 설명해 주세요.	**	
컬렉션 프레임워크의 종류에 대해 각각 설명해 주세요(List, Set, Map).	**	
추상 클래스와 인터페이스를 설명해 주시고, 차이에 대해 설명해 주세요.	**	
객체지향의 설계원칙에 대해 설명해 주세요.	**	
Java의 메모리 영역에 대해 설명해 주세요.	**	
클래스와 객체에 대해 설명해 주세요.	**	
생성자(Constructor)에 대해 설명해 주세요.	**	
Wrapper Class란 무엇이며, Boxing과 UnBoxing은 무엇인지 설명해 주세요.	**	
Synchronized에 대해 아는 대로 말해주세요.	**	
접근 제한자(Access Modifier)에 대해 설명해 주세요.	**	

질문	난이도	분류
Spring Framework에 대해 설명해 주세요.	***	
@RequestBody, @RequestParam, @ModelAttribute의 차이를 설명해 주세요.	***	
Spring Boot와 Spring Framework의 차이점을 설명해 주세요.	***	
Spring MVC에 대해 설명해 주세요.	***	
MVC는 어떠한 흐름으로 요청을 처리하는지 설명해 주세요.	***	
제어의 역전(IoC, Inversion of Control)에 대해 아는 대로 설명해 주세요.	**	
spring에서 빈(Bean)을 등록하는 방법에 대해 말해보세요.	**	
의존성 주입(DI, Dependency Injection)에 대해 설명해 주세요.	**	
spring 빈의 라이프 사이클은 어떻게 관리되는지 설명해 주세요.	**	
Spring Filter와 Interceptor에 대해 설명하고, 사용 예시를 설명해 주세요.	**	
서블릿(Servlet)에 대해 설명해 주세요.	**	
VO와 BO, DAO, DTO에 대해 설명해 주세요.	**	
병렬 프로그래밍에 대해 아나요? 해본 적이 있나요?	**	
node가 싱글스레드인데도 여러 가지 병렬 작업이 되는 이유를 알려주세요.	***	Node
CPU 부하가 큰 작업이 진행돼서 이벤트 루프에 묶여가지고 서버가 멈추면 어떻게 해결해야 하나요?	***	
Javascript에서는 사용할 수 없지만 타입스크립트에서 사용할 수 있는 것은 무엇이 있을까요?	***	
타입스크립트가 어떻게 Javascript로 컴파일해서 실행이 될 수 있는지 설명해 주세요.	***	

Javascript와 타입스크립트의 차이점이 무엇일까요?	***	
Node.js 란 무엇이며, 사용하는 이유는 어떻게 되나요?	***	
Node.js 프로젝트에서 패키지를 관리하는 방법에 대해 설명해 주십시오.	***	
Express.js 란 무엇인가요?	**	
Javascript와 Node.js의 차이점을 강조하시겠습니까?	**	
Node.js에서 콜백 지옥을 설명해 주세요	**	
RDBMS와 NoSQL은 언제 사용하는 것이 좋을까요?	***	DB
데이터베이스 정규화에 대하여 설명해 주세요.	***	
Primary Key, Foreign Key에 대해 설명해 주세요.	***	
ERD 설계는 어떤 논리로 만들어보셨나요?	***	
데이터베이스 비정규화는 무엇인가요?	**	
ORM이 편하고 좋은데, SQL을 알아야만 할까요?	**	
Database Injection에 대해 아는 대로 이야기해 주세요.	**	
In-memory DB에 대해서 설명해 주세요.	**	
Redis를 사용하신 이유가 무엇인가요?	**	
데이터베이스 클러스터링과 리플리케이션의 차이에 대해 설명해 주세요.	**	
DELETE, TRUNCATE, DROP의 차이를 설명해 주세요.	**	
group by의 역할에 대해 설명해 주세요.	**	
동적 쿼리란 무엇이고 언제 동적 쿼리를 사용하나요?	**	
JOIN에서 ON과 WHERE의 차이를 설명해 주세요.	**	

HAVING과 WHERE의 차이를 설명해 주세요.	**	
Redis의 단점은 무엇이 있을까요?	*	
Redis를 활용하여 로그아웃을 어떻게 구현했는지 설명해 주세요.	*	
Redis와 Memcached의 차이를 이야기해 주세요.	*	
REST API와 GraphQL의 차이와 GraphQL을 썼을 때의 장단점을 설명해 주세요.	***	최신기술
WAS(Web Application Server)와 WS(Web Server)의 차이를 설명해 주세요.	***	
Docker에 대하여 설명하고, 사용하는 이유를 이야기해 주세요.	***	
쿠버네티스에 대하여 설명하고, 사용하는 이유를 이야기해 주세요.	**	
JWT의 구조를 설명해 주세요.	***	
엘라스틱서치를 왜 사용하셨나요?	**	
데이터로더에 대해 알고 계시나요?	*	
CSRF(Cross-site request forgery)에 대해 설명하고, 이를 막기 위한 방법에 대해 설명해 주세요.		보안
대칭키, 비대칭키 암호화 방식에 대해 설명해 주세요.		
TDD(Test-Driven-Development)의 개념에 대해 설명해 주세요.		테스트
리눅스를 다룰 줄 안다고 했는데, 리눅스 명령어를 아는 대로 말해주세요		클라우드
리눅스 서버가 갑자기 느려졌을 때, 어떻게 대응하나요		
AWS EC2를 직접 구축했다고 했는데 초기 설정을 어떻게 하나요		

Part

3

부 록

①장
코딩 테스트 통과하는 방법

서류를 통과하면 그다음은 코딩 테스트입니다.

코딩 테스트는 지원자의 기본 역량을 판단합니다. 그래서 여기에 너무 공부를 집중하면 안 됩니다. 포트폴리오보다는 중요도가 높으니 빠르게 코딩 테스트의 기본 실력을 높이는 방법을 제안 드립니다.

01 언어 선택

자신이 사용하는 주요 프레임워크의 언어를 사용하세요.

면접관에게 감점으로 생각될 선택들은 하지 마세요. 속도를 위해 만약 C/C++를 선택한다면 면접관은 '이 지원자는 주로 사

용하는 언어를 못하나?'와 같이 생각할 수 있습니다. 또는 '전자
과/산업공학과/기계과/비전공자 출신인가?' 생각하며 다시 서
류를 확인할 수 있습니다. 이런 것들은 면접자들에게 편견으로
다가오고 장점으로 인식되기보다는 단점으로 인식될 확률이 높
습니다.

여러 언어 사용의 장점

여러 언어들을 잘 사용한다는 것을 보여주려면 면접관들이
다양한 언어에 대해 깊게 질문을 할 것입니다. 보통 여기서 대답
을 잘한다면 좋은 점수를 받겠지만 대답을 제대로 못할 확률이
높습니다.

파이썬은 대안

만약 주로 사용하는 언어를 선택하지 못하는 상황이라면 파
이썬을 택한다면 좋을 것 같습니다. 주로 사용하는 언어와 비슷
한 점이 많고 사용 가능한 기본 함수들이 많기 때문입니다. 실제
로 카카오 코딩 테스트 언어는 파이썬이 가장 많습니다.

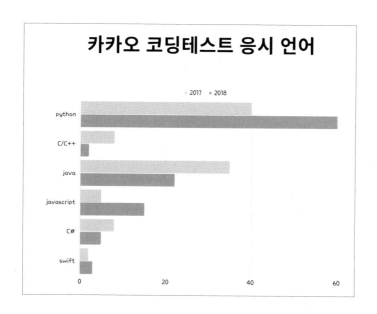

02 테스트 유형

　사실 코딩 테스트는 어느 정도 유형이 정해져 있습니다. 면접자의 기본 능력을 판단하기 위해 만든 제도인 만큼 난이도를 높게 설정할 이유가 없습니다. 실제 유형을 분석한 결과를 보면서 코딩 테스트의 전략을 세워보았습니다.

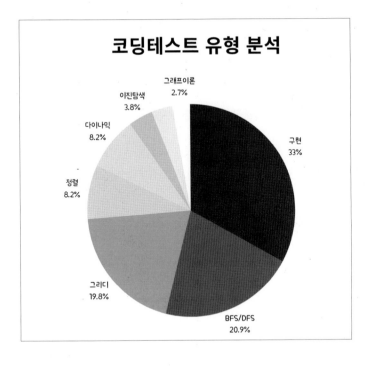

코딩테스트 유형 분석

그래프이론 2.7%
이진탐색 3.8%
다이나믹 8.2%
정렬 8.2%
구현 33%
그리디 19.8%
BFS/DFS 20.9%

그리디 알고리즘

그리디 알고리즘은 코딩 테스트에 빈출되는 유형이면서 가
장 쉬운 유형입니다. 그렇기 때문에 여기선 절대로 점수를 확보
해야 하는 분야입니다.

탐색 알고리즘

탐색은 BFS/DFS로 나뉩니다. 이에 두 가지 유형을 준비하시면 됩니다. 이는 알고리즘 기본 100제를 공부하면서 준비하시면 됩니다. 또한 백준 같은 사이트에서 탐색 관련 문제만을 집중적으로 풀면서 여기서는 절대적으로 점수를 얻도록 노력해야 합니다.

구현

구현은 일반적인 문제를 제시해 주고 논리적으로 문제를 해결할 수 있는지를 물어보는 유형입니다. 기본적인 문제 분석력과 지문이 이해하는 바를 명확하게 알아야 풀 수 있습니다. 해당 구현에 관련된 사항들은 여러분들이 많은 문제를 풀어보면서 늘리는 방법밖에는 존재하지 않습니다.

03 유의사항

Big-O 표기법 - 알고리즘의 시간 복잡도

빅-오(Big-O) 표기법에 대해 이해하고 구현 부분에 생각을 해야 합니다. 빅-오 표기법이 중요한 이유는 코딩 테스트의 속도제한에 걸릴 수 있기 때문이고 이를 잘 해결해야 합니다.

04 준비할 수 있는 사이트

지금 공유드리는 사이트들은 한국어로 준비할 수 있는 사이트들이며 무작위로 추천했습니다. 순서는 중요도와 상관없습니다. 그리디 알고리즘/탐색 알고리즘부터 준비하고 구현을 위한 문제들로 준비해 보세요.

- 백준(Baekjoon)

  https://www.acmicpc.net/

- 삼성 SW 익스퍼트 아카데미(Samsung SW Expert Academy)

  https://swexpertacademy.com/main/main.do

- 프로그래머스(Programmers)

  https://school.programmers.co.kr/learn/challenges

- 코드업(CodeUp)

  https://codeup.kr/

- 구름DEVTH

  https://devth.goorm.io/

②장

사이드 프로젝트 구하는 방법

개발자에게 사이드 프로젝트는 협업 능력을 보여주는 가장 중요한 과제입니다. 이에 우리는 혼자 만드는 능력도 길러야 하지만 사람들과 함께 만드는 능력을 길러야 합니다. 이미 있는 팀에 참여하는 것도 좋지만 개인적으로는 스스로 팀을 만들어보는 경험도 해보는 것을 추천드립니다. 그래야 배우는 것이 더욱 많기 때문입니다. 예를 들면 팀을 유지하는 방법, 회의하는 방법, 시간을 조절하는 방법 등 PM의 입장에서도 많은 것을 배울 수 있습니다.

사이드 프로젝트 사이트

01 렛플

02 사이드프로젝트.co.kr

03 OKKY

04 인프런 커뮤니티

05 커리어리

01 › 렛플

첫 번째, 렛플입니다.

https://letspl.me/

해당 사이트는 UI가 어렵지 않아 여러 가지 참여 가능한 프로젝트를 둘러보고 참여할 수 있습니다. 소규모로 운영하고 빠르게 결과물을 내고 싶은 분들은 직접 연락해서 빠르게 팀을 구성하는 것이 유리합니다. 그래서 저는 렛플에 등록된 사람들을 보고 연락하는 방법을 선호합니다.

02 › sideproject.co.kr

두 번째 sideproject.co.kr 입니다.

https://sideproject.co.kr/projectmember

저는 개인적으로 해당 사이트를 더욱 선호합니다. 왜냐하면 해당 사이트가 뭔가 더 잘 구해지는 느낌입니다. 해당 사이트는 개발자보단 기획/디자인 직군의 분들이랑 마주할 기회가 더욱 많은 것 같습니다. 저는 여기서 기획자분들에게 연락을 많이 받았습니다.

03 OKKY

세 번째, OKKY 입니다.

https://okky.kr/community

여기서는 개인적으로는 사이드보단 스터디가 많이 올라오는 느낌입니다. 만약 개발 공부를 하려면 스터디보단 사이드 프로젝트를 많이 해보세요.

04 인프런 커뮤니티

네 번째, 인프런 커뮤니티입니다.

https://www.inflearn.com/community/questions

여기도 OKKY 사이트와 같이 스터디가 더 많은 느낌입니다.

05 커리어리

다섯 번째, 커리어리입니다.

https://careerly.co.kr/lounge

사이드 프로젝트 전문은 아니지만, 개발자 관련 정보들이 많고 이용하시는 분들이 많아서 추천드립니다.

③장 이력서 작성법

이력서는 글쓰기입니다. 그리고 아주 쉬운 글쓰기입니다. 읽는 독자가 아주 명확하기 때문입니다. 바로 '면접관'입니다.

여러분의 이력서는 면접관을 설득하기 좋게 구성이 되어있나요? 만약 그렇지 않다면 여러분이 서류에서 탈락하는 이유가 거기에 있습니다.

면접관들은 채용공고를 내면 수많은 입사지원서를 받습니다. 아마 평균 100개는 넘게 받습니다. 여기에서 면접을 보고 싶은 사람을 10명 정도만 추리죠. 여기서 여러분의 이력서가 10명 안에 들어가도록 전략적으로 설계되어 있는 것이 매우 중요합니다.

미국의 채용 사이트인 Glassdoor에 따르면, 평균적인 채용 공고는 250개의 이력서를 받지만, 이 지원자들 중 오직 4~6명만이 면접에 참가합니다. 즉, 서류를 통과하여 면접 단계로 진출하기 위해서는 수많은 이력서 중에서 내 이력서가 눈에 띄어야 한다는 의미입니다.

정리하자면, 여러분의 이력서 글쓰기는 엄청난 경쟁률을 뚫고 면접관의 기억 속에 남아야 합니다.

01 좋은 이력서란 어떤 걸까요?

저는 먼저 좋은 이력서란 '가독성이 좋은 이력서'라고 생각합니다. 결국 이력서 역시 글이기 때문에 읽는 사람이 편해야 합니다. 저도 많은 이력서를 읽어봤지만 100개가 넘는 이력서에서 가독성 좋은 문서를 찾는 일은 어렵습니다.

원티드나 사람인 같은 채용사이트의 템플릿으로 제출한다면 여러분의 이력서는 사실 경쟁력이 없습니다. 그저 그런 기업에만 붙는 이력서가 될 뿐입니다. 이렇게만 전달드리면 근거가 부족할 수 있어서 관련 자료를 가져왔습니다.

미국 커리어빌더의 조사에 따르면 채용담당자의 41%가 이력서에 자기소개서를 넣지 않으면 면접 기회가 줄어들 것이라고 답했습니다. 또한 명확한 제목과 글머리 기호, 화이트 스페이스의 적절한 사용이 포함된 잘 설계된 이력서는 채용 담당자가 지원자의 자격을 신속하게 스캔하고 평가하는 것을 더 쉽게 할 수 있습니다.

저는 이 수치를 보면서 자기소개서에 집중한 것이 아니라 제목, 기호 그리고 스페이스에 집중했습니다. 결국 잘 설계된 이력서가 채용 담당자의 눈에 빠르게 들어온다는 것이죠.

여러분의 이력서도 이와 같아야 합니다. 이력서를 보고 읽고 싶은 이력서가 되어야 합니다. 신입으로 지원한 여러분이 어떤 능력을 가진 사람인지가 시각적으로 잘 드러나야 합니다.

또한 이런 통계도 존재합니다. 미국 해커 랭크의 조사에 따르면 채용 담당자의 90%가 지원자를 평가할 때 교육보다 특정 기술과 경험을 우선시한다고 응답했습니다. 이는 구직자들이 지원하는 직종별로 관련 기술과 경험을 부각시키기 위해 이력서를 맞춤 제작할 필요가 있다는 것을 의미합니다. 신입에게는 해당되는 사항은 아닙니다만 경력에게는 중요한 사항입니다. 지원하는 회사의 기술 스택에 맞게 이력서를 수정할 줄 알아야 합니다.

즉, 여러분은 채용자가 원하는 기본사항과 우대사항을 만족할 만한 지원자임을 보여줘야 합니다. 여러분은 채용공고의 기본사항과 우대사항을 잘 분석하고 계시나요?

02 포트폴리오의 중요성

부트캠프나 학원에서 동일하게 찍어 나오는 포트폴리오로 인해 정확한 실력을 판단하기가 어려워졌습니다. 다만 포트폴리오가 중요한 이유는 여기에서 면접 질문이 가장 많이 나오기 때문입니다.

- 왜 ERD에서 이런 설계를 선택했는지
- AWS EC2의 HTTPS 대응 방법
- CORS가 무엇인지, 어떻게 대응해야 하는지
- JWT 사용 시 어떤 문제가 존재하는지

경력이라면 해당 포트폴리오에 들어간 기술 스택이 공고와 맞는지를 가장 많이 봅니다. 신입은 거의 해당될 사항이 없지만 원하는 기술 스택이 공고와 맞는 경우 뽑을 확률이 높습니다.

여러분이 사용한 모든 기술에 '왜?'라는 질문을 면접관은 던질 것입니다. 왜냐하면 포트폴리오가 이력서에서 가장 흥미로운 부분이기 때문입니다. 면접관은 여러분의 인성보다는 어떤 기술을 사용해서 프로젝트를 했는지 더 궁금합니다. 그래서 면접관은 프로젝트의 구조에 대해서 면접에서 많이 질문을 합니다.

저 역시 이력서에서 가장 흥미로운 부분이라서 포트폴리오에 대해서 많이 물어봅니다.

- 왜 그 DB를 선택했는지?
- 왜 EC2에 배포했는지?
- AWS lightsail이나 AWS elastic beanstalk나 AWS ECS가 있는데 선택한 이유?
- SSR이 CSR보다 초기를 제외하고 렌더링 속도가 느린데 사용한 이유?
- CSR에서 SEO 문제를 해결하는 방법

여러분들이 면접을 의도한 대로 이끌어나가려면 이런 아키텍처와 시퀀스 다이어그램 같은 시각화로 면접관들을 유도할 수 있습니다. 다른 면접자들은 이와 같은 시각화를 많이 하지 않기 때문입니다. 이에 여러분은 아키텍처와 시퀀스 다이어그램에서 나올 수 있는 예상 질문들을 미리 준비해서 면접에 들어갈 수 있습니다.

03 포트폴리오 추천과 팁

저는 이력서에 이런 식으로 아키텍처를 넣는 걸 추천드립니다. 결국 이력서에서 물어볼 건 포트폴리오밖에 없습니다. 그렇기에 면접관에게 어필할 수 있는 포트폴리오를 만들어야 합니다.

그리고 많은 글자들은 면접관의 집중력을 저하시킵니다. 수많은 이력서들을 읽으면서 글자에 피로도가 존재하기 때문에 면접관들은 이력서에 그림이 있다면 그림에 집중합니다. 그렇기 때문에 이것만으로도 다른 이력서들과 차별화되는 강점을 지닐 수 있습니다. 이력서를 프린트해서 보지 않고 PDF로 보는 경우가 많기 때문에 로고를 넣어도 좋습니다.

또한 프로젝트에 사용했던 기술 스택들을 아키텍처에 넣으면 불필요한 문장들을 생략할 수 있습니다.

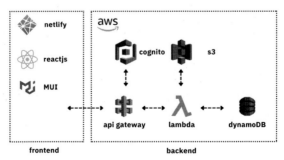

▲ 포트폴리오 아키텍처

이 아키텍처와 더불어서 제가 추천하는 것은 바로 시퀀스 다이어그램입니다. 정보처리기사를 준비하신 분들은 UML을 배워 보셨을 겁니다.

제가 회사에서 복잡한 코드를 도저히 말로 설명할 수 없을 때 UML을 사용해 보려고 노력했습니다. 결국 쓸만한 건 시퀀스 다이어그램밖에 없다고 생각했습니다.

이 시퀀스 다이어그램은 내가 코딩을 대하는 태도가 그대로 나타납니다. 얼마나 부정확한 에러 처리를 하고 있는지, 나의 부족한 점은 어떤 것인지 명확하게 드러납니다.

시퀀스 다이어그램은 소프트웨어 시스템의 논리 흐름을 시각화하는 강력한 도구로, 복잡한 코드로 작업하거나 시스템의 여러 부분이 서로 어떻게 상호 작용하는지 이해하려고 할 때 특히 유용합니다.

시간 경과에 따른 시스템 내 객체 또는 구성 요소 간의 상호 작용을 나타내는 UML^{통합 모델링 언어} 다이어그램의 한 유형입니다. 일반적으로 시퀀스 다이어그램은 서로 다른 구성 요소 또는 개체를 나타내는 일련의 상자 또는 직사각형으로 구성되며, 이들 사이의 제어 또는 데이터 흐름을 보여주는 화살표 또는 선으로 연결됩니다.

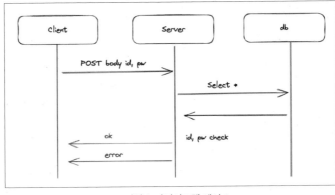

▲ 시퀀스 다이어그램 예시 1

　　시퀀스 다이어그램의 주요 이점 중 하나는 시스템에서 잠재
적인 오류나 문제가 발생하기 전에 이를 식별하는 데 도움이 된
다는 것입니다. 구성 요소 간의 로직과 데이터 흐름을 시각화하
여 오류나 병목 현상이 발생할 수 있는 위치를 파악하고, 그에
따라 코드를 조정하여 이러한 문제가 발생하지 않도록 방지할
수 있습니다.

　　또한 소프트웨어 개발자 간의 커뮤니케이션과 협업을 위한
유용한 도구가 될 수 있습니다. 시퀀스 다이어그램을 팀의 다른
구성원과 공유하면 시스템의 여러 구성 요소가 서로 상호 작용
하는 방식에 대해 모든 사람이 동일한 정보를 공유할 수 있습니
다. 이를 통해 잘못된 의사소통을 방지하고 모두가 동일한 목표
를 향해 작업할 수 있습니다.

이력서에 시퀀스 다이어그램을 넣기는 여백이 부족하기 때문에 Github 'readme.md'를 활용하는 것은 좋습니다. 이력서에 Github 링크를 보통 추가하고 Github repository를 열면 바로 보이는 것이 'readme.md'이기 때문입니다.

정리하자면 시퀀스 다이어그램은 잠재적인 오류나 문제를 식별하고 팀원 간의 커뮤니케이션과 협업을 촉진하는 데 도움이 됩니다. 특히 백엔드에서 말로 설명하기 어려운 복잡한 로직은 시각화를 해서 소통하시기 바랍니다. 프론트엔드도 복잡한 REST API 사용 패턴을 시간순으로 시각화로 보여준다면 소통 시간을 몇 배로 줄일 수 있습니다. 복잡한 소프트웨어 프로젝트를 개발 중이라면 시퀀스 다이어그램을 사용해 보는 것을 적극 추천합니다.

04 간단하고 명확하게 작성하기

이력서는 지원자가 채용 관리자나 채용 담당자에게 자신을 보여줄 수 있는 첫인상입니다. 따라서 이력서는 명확하고 간결하며 읽기 쉽게 작성하는 것이 중요합니다. 다음은 읽기 쉬운 소프트웨어 엔지니어 이력서를 작성하기 위한 몇 가지 팁입니다.

이력서는 읽고 이해하기 쉬워야 하므로 형식을 단순하게 유지하고 언어를 명확하게 하는 것이 중요합니다. '좋은 글은 30%의 여백을 가진 글'이라고 보통 말합니다. 만약 여러분의 이력서에 글자만 가득하다면 면접관은 이력서를 읽지 않고 탈락시킬 수 있습니다.

두 페이지 분량의 이력서를 목표로 하고 가장 관련성이 높은 정보만 이력서에 포함하세요. 공백과 서식을 사용하여 이력서를 읽기 쉽게 만들고, 한 페이지에 너무 많은 정보를 넣지 마세요. 첫 번째 페이지에는 나와 관련된 부분만을 보여주고 두 번째 페이지부터는 프로젝트에 관련된 내용을 추가하는 것이 좋을 것 같습니다.

Part
3

부록

3장 이력서 작성법 **237**

05 간단한 자기소개서

보통 개발자 이력서는 자기 자신을 간소하게 2줄 정도로 표현하는 것이 좋습니다. 하지만 이때 추상적인 단어는 사용하지 않는 것을 추천드립니다. 열정, 노력이나 소통과 같은 논리적이지 못한 단어 사용을 최대한 지양하세요.

예시

'라이브러리 하나를 선택해도 숫자와 하위호환성을 고려하는 프론트엔드 엔지니어 양동준입니다.' : 하위호환성이라는 주제를 바탕으로 유지 보수를 신경 쓰는 개발자라는 인식을 주고 싶었습니다.

'에러 처리를 통해 REST API SQL CALL을 최소화시켜 비용 최적화를 만드는 백엔드 엔지니어 양동준입니다.' : 서버 비용 최적화 설계를 할 수 있는 개발자를 강조하고 싶었습니다.

이처럼 여러분의 자기소개서는 키워드 1-2개를 위주로 어떤 느낌인지 명확하게 면접관에게 다가가야 합니다. 위의 예시는 하나의 사례로 참고용으로만 사용하시길 바랍니다.

06 경험을 정량화해서 강조하기

단순히 담당 업무를 나열하는 대신 이전 직무에서 어떤 문제를 어떻게 해결했는지를 위주로 적어보세요.

프론트엔드 예시

예를 들어, "코드스플리팅을 적용했습니다."와 같이 말하는 대신 "react 초기 렌더링이 느리다는 문제를 코드 스플리팅을 적용해 용량을 20%줄였고 렌더링속도를 300ms 에서 100ms로 개선했습니다."라고 말하는 것이 더 좋습니다.

백엔드 예시

예를 들어, "MYSQL ERD 설계시 JSON 타입을 사용했습니다."와 같이 말하는 대신 "ERD 설계 시 정해지지 않는 데이터 스키마가 존재했고, JSON 타입으로 설계를 했습니다. 기존 대비 20% 느려지는 단점이 존재했지만 확장성 있게 대응할 수 있어서 사용했습니다."라고 말하는 것이 더 좋습니다.

이렇게 구체적으로 숫자를 활용하고 여러분의 성과를 보여 줄 수 있는 사람이라면 면접관이 보기에 성장 가능성이 있다고 생각합니다.

07 기술 스택

기술 스택 같은 경우, 면접관들이 지원자의 역량을 바로 알 수 있도록 로고로 표현하는 것이 좋다고 생각합니다. 저는 8개 정도 를 보통 로고로 만들어서 제출하는 것이 좋다고 생각합니다.

프론트엔드 기술 스택 예시

nextjs	reactjs	typescript	express
mui	d3js	redux	aws

백엔드 기술 스택 예시

Spring	MySQL	MongoDB	PostgreSQL
aws ec2	Linux	Swagger	VueJS

흔히들 프로그래머를 문제를 해결하는 사람이라고 말합니다. 그렇다면 여러분은 여러분의 포트폴리오를 만들면서 어떤 문제들에 봉착하고 해결했나요? 이 부분을 구체적으로 추상적인 단어를 빼고 숫자로 써야 합니다.

포트폴리오를 작성하는 분들중 상당수가 보통 어떤 기술이나 라이브러리를 활용해서 어떤 개발을 했다고 작성합니다. 하지만 이렇게 작성하면 면접관에게 신입을 뽑는 입장에서 성장 가능성을 판단하기 쉽지 않습니다.

만약 어떤 기술을 썼다면 그 기술을 쓰게 된 이유를 적어주세요. 조금 더 구체적으로 예시를 들어보겠습니다.

'상태 관리로 recoil을 사용했습니다.'는 이렇게 써야합니다.

'Context API를 도입했지만 전체 리렌더링이 일어나서 특정 부분만 렌더링을 할 수 있는 설계가 필요했고 그래서 recoil을 사용했습니다. 이에 기존대비 30% 렌더링 속도 향상을 이룰 수 있었고 Context API의 한계를 배울 수 있었습니다.'

위의 두 문장을 비교해서 보면 어떤 신입 개발자가 성장 가능성이 있다고 느껴지시나요? 아마 당연히 후자라고 생각하실 것 같습니다. 그렇기 때문에 우리는 면접관의 입장에서 내 이력서가 어떻게 하면 긍정적으로 보일지 고민하며 작성해야 합니다.

이번에는 백엔드를 예시로 들어보겠습니다.

'MYSQL의 JSON 타입을 사용하고 ERD 설계를 진행했습니다.'

'설계가 미정인 스키마가 있었고 JSON 타입을 도입하여 ERD 설계를 진행했습니다. 속도는 기존 대비 20% 느려졌지만, 확장성 있는 설계가 가능하여 도입했습니다. MYSQL JSON 타입으로 인한 속도 저하를 대비하기 위해 JSON 처리 속도가 빠른 PostgreSQL을 고민하게 되었습니다.'

아래 문장과 같이 작성하면 여러분이 JSON 타입에 대한 장점과 단점을 명확하게 인지한다고 면접관은 생각합니다. 속도가 느려지는 단점이 있지만 확장성 있는 설계를 도입했고 추후 속도 향상을 위해 PostgreSQL 도입을 고민하고 있기 때문에 '여러분이 생각하고 데이터베이스를 다룰 수 있겠구나'를 면접관은 느낄 수 있습니다.

'회원가입 REST API을 만들었습니다.'

'회원가입 서버 DB에 부하가 존재했고, id와 pw에 존재하는 규칙을 정규식을 활용해서 에러 처리를 진행했습니다. 그 결과, DB로 들어가는 CALL의 10%를 낮출 수 있었고 전체적인 DB 성능은 15% 향상되었습니다.'

이렇게만 작성하면 이해하기 힘들 수도 있기 때문에 시각화가 필요합니다. 저는 UML이라는 전통적인 방식의 시퀀스 다이어그램을 사용합니다. 어떤 방식이든 남들이 이해하기 쉬운 방법이면 좋습니다.

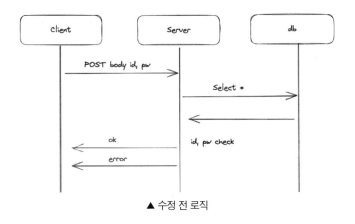

▲ 수정 전 로직

수정 후는 다음과 같습니다. 물론 프론트엔드 쪽에서 정규식 처리를 할 수 있지만 백엔드 쪽에서도 실수 방지를 위해 넣어야 한다고 생각합니다.

백엔드는 복잡한 로직들을 만들고 고려해야 하는 경우의 수가 굉장히 많습니다. 비즈니스 로직을 만들 때도 가장 많이 사용하는 것이 시퀀스 다이어그램입니다. 복잡한 구매 관련이나 계약 관련 프로세스 같은 것을 작성할 때도 저는 시퀀스 다이어그램을 통해 기획팀과 영업팀을 설득하는 데 사용했습니다. 여러분도 시각적인 방법을 동원한다면 개발자가 아닌 다른 사람들도 쉽게 설득할 수 있습니다. 그리고 시각화는 쓸데없는 시간의 낭비를 줄여주기 때문에 회의시간을 줄이는 데에도 도움이 됩니다.

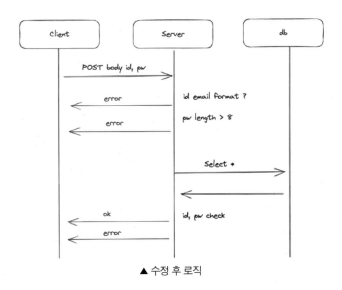

▲ 수정 후 로직

프론트엔드 역시 복잡한 REST API를 처리하는 순서를 시퀀스 다이어그램으로 나타내면 좋습니다. 프론트엔드 API를 동시에 사용하거나 순차적으로 사용해야 할 필요가 있는데 해당 경우 말로는 설명이 어렵습니다. 꼭 시각적으로 그려서 동반할 수 있는 문제들을 보여주는 것이 중요합니다.

제가 적은 문장 역시 부족한 예시일 수 있습니다. 하지만 많은 분이 신입으로 지원했을 때 자신이 한 내용만 쓴다면 여러분의 성장 가능성은 보여줄 수 없습니다. 문제와 해결책 그리고 숫자가 들어가는 추상적이지 않은 키워드들을 도입해서 써보도록 노력하세요.

[사이드] 지도기반의 웹사이트 / 프론트엔드 담당/ Typescript

다국어 지원하는 로컬 맛집 기반 지도 WEB

배포링크 : https://~~~

프론트 : reactJS+aws amplify
백엔드 : aws serverless + coginoto

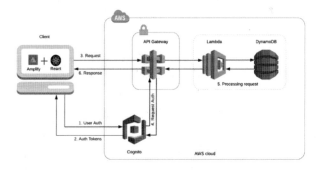

Serverless Web Application Architecture using React with Amplify

문제

- 여러번의 rest api call 이 서비스 전반의 속도를 느리게 만듬
- Context API 사용으로 전체 렌더링 이슈로 서비스 속도가 느려짐

해결

- promise all 로 사용을 해서 병렬처리에 관해 학습하고 기존 UI 렌더링 속도에 비해 100% 향상.
- redux을 활용해 해당 리렌더링 이슈를 해결. 기존 렌더링 대비 40% 속도 향상.

▲ 프론트엔드 이력서 예시

[사이드] 지도기반의 웹사이트 / 백엔드 담당 / Java

다국어 지원하는 로컬 맛집 기반 지도 WEB

배포링크 : https://~~~ / 문서링크 : https://~~~

프론트 : reactJS + aws amplify
백엔드 : Java Spring + aws ec2 + aws RDS(MySQL) + CI/CD

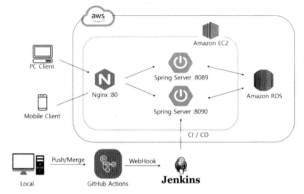

문제

- 회원가입 시 ID/PW 검증 위한 불필요한 SQL SELECT CALL 발견
- ERD 설계 시, 미정인 데이터가 존재해 JSON 타입으로 설계

해결

- POST body의 ID/PW의 규칙이 존재해 정규식으로 에러처리.
  불필요한 SELECT CALL 감소 후, DB CALL 10% 감소.
- JSON 타입으로 속도는 기존보다 20% 느리지만, 확장성 있는 설계가
  가능해 계속 사용하기로 결정.

▲ 백엔드 이력서 예시

09 각 지원 분야에 맞게 이력서 맞춤 설정

신입보다는 3년 이상의 경력직에게 추천드립니다. 전체적으로 탄탄한 이력서를 작성하는 것도 중요하지만, 각 지원 분야에 맞게 이력서를 맞춤 설정하는 것도 중요합니다. 경력 이직에서 중요한 부분은 그 회사에서 진행하고 있는 프로젝트에 바로 투입될 수 있느냐가 중요합니다. 그래서 여러분의 기술 스택을 해당 회사의 스택과 맞출 필요가 존재합니다. 맞춤으로 이력서를 쓰는 전략이 필요할 것 같습니다. 지원 직무의 구체적인 요구사항에 맞게 경험과 기술을 조정하고, 이력서에 해당 직무와 가장 관련성이 높은 경험을 강조하세요.

읽기 쉬운 소프트웨어 엔지니어 이력서는 명확하고 간결하며 자신의 업적과 기술에 초점을 맞춘 것입니다. 관련 키워드를 사용하고, 경험을 정량화하며 각 지원 분야에 맞게 이력서를 맞춤 설정하면 면접에 합격하고 궁극적으로 취업할 확률을 높일 수 있습니다.

실시간 상담에서 나온 프론트엔드 Q & A

제가 10번 정도의 개발자 초보자 상담에서 나온 내용들을 정리해 보았습니다. 해당 내용은 계속해서 업데이트 될 예정입니다.

Q. 프론트엔드는 어떤 언어로 코딩 테스트를 해야 하나요?

A. 프론트엔드는 JavaScript로 코딩 테스트를 하시는 것을 추천드립니다. 만약 불가능한 상황이라면 파이썬으로 시작하세요. 면접관은 지원자가 프론트엔드인데 JavaScript 외 다른 언어를 선택했다면 의문점을 가지고 면접을 시작합니다. 이것은 약점으로 잡힐 수 있는 선택을 하지 않는 것이 좋습니다.

VueJS의 인기가 많습니다만 아직 React의 일자리 비해 절
반 정도입니다. 사람인에서 검색 결과는 VueJS가 약 900건
React가 약 1800건 정도로 2배 차이가 납니다. 그렇기 때
문에 VueJS로 많은 프로젝트를 준비한 게 아니라면 React
로 준비하시는 것을 추천드립니다.

NextJS 같은 SSR이 요즘 유행입니다. React와 같은 문법을
사용하지만 사실 배포 방법이 전혀 다르기 때문에 저는 두
개를 다르다고 생각합니다. 그리고 공고에서 기본사항으
로 NextJS를 요구하는 기업들이 거의 없기 때문에 아직은
React로 포트폴리오를 준비하시는 것이 좋을 것 같습니다.
회사에서 기존에 만든 React 프로젝트가 존재하기 때문
에 유지보수를 위해서 채용공고 수가 더 많을 것 같습니다.
SSR의 유행을 고려하여 React로 1개 NextJS로 1개 정도를
준비하신다면 좋을 것 같습니다.

Q. 프로젝트의 배포 링크가 없는데 괜찮을까요?

A. 프론트엔드는 배포 링크가 없는 것은 치명적입니다. 왜냐하면 배포 링크는 프론트엔드에게 필수입니다. 백엔드와 협업 때문에 클라우드 비용의 문제로 서버를 내렸다면 다른 방법으로 데이터를 살려야 합니다. 아니면 다른 사이드 프로젝트를 진행해서 서버가 유지되는 방향으로 설계를 하셔서 프로젝트 링크를 살려야 합니다. 만약 어렵다면 OPEN API를 활용하는 것도 좋은 방법입니다.

Q. 프론트엔드 짧은 자기소개서는 어떻게 쓰면 좋을까요?

A. 자기소개서는 추상적인 말이 들어가면 안 됩니다. 소프트웨어 개발자는 논리적이고 수치로 증명하는 직업입니다. 프론트엔드에서 드러낼 수 있는 수치는 렌더링 속도와 SEO 개선을 위한 SSR, CSR에 대한 차이를 숫자적으로 드러내면 좋을 것 같습니다. 제가 작성한다면 이렇게 작성할 것 같습니다. 'SEO와 초기 렌더링 속도를 상황에 맞게 SSR과 CSR을 도입할 수 있는 클라우드 친화적 프론트엔드 양동 준입니다.'와 같이 나의 강점을 보여줄 수 있는 키워드들을 보여주는 것이 중요합니다. 물론 해당 예시가 완벽한 예시라고 볼 수는 없지만 참고로 봐주시길 바랍니다.

Q. 반응형으로 디자인하도록 하려면 어떻게 해야 할까요?

A. 웹 사이트를 반응형으로 디자인하는 것은 화면 크기에 따라 레이아웃과 스타일을 조정하기 위해 CSS를 잘 활용해야 합니다. 미디어 쿼리를 사용하여 다양한 화면 크기를 대상으로 지정하고 그에 따라 레이아웃을 조정하는 작업이 포함될 수 있습니다. 하지만 익숙해지는데 시간이 오래 걸리기 때문에 MUI 같이 쉽게 사용할 수 있는 UI 라이브러리 사용을 추천드립니다.

Q. 플러터/리액트 네이티브로 개발을 시작해도 될까요?

A. 절대 안 됩니다. 하이브리드 플랫폼으로 개발 커리어를 시작하면 이도 저도 아닌 경력을 가지게 될겁니다. 프론트엔드라면 javascript 기반을, 백엔드라면 해당 언어에서 가장 유명한 프레임워크로 개발을, 안드로이드라면 코틀린, iOS라면 swift로 경력을 적어도 2년은 쌓으세요. 그리고 그 후에 하이브리드 플랫폼들을 배우면서 그쪽 시장으로 가는 것을 추천드립니다. 다만 내가 메인 강점으로 내세울 수 있는 것은 근본이 있는 영역이여야 합니다. Dart 같은 언어로 커리어를 시작하면 플러터가 망하는 순간 어디에도 취업할 수 없습니다.

만약 하이브리드 쪽으로 취업을 꼭 하셔야겠다면 플러터가 망하면 Dart는 아무런 쓸모가 없어지기 때문에 차라리 리액트 네이티브는 Javacript를 사용하고 React 문법을 사용하니 그쪽을 추천드립니다.

만약 프리랜서로 나가고 싶다면 어떤 쪽을 선택하셔도 상관없습니다.

Q. 웹 사이트 속도가 느려서 최적화하고 싶어요.

A. 이미지를 압축하고 코드를 최소화하여 파일 크기를 최소화하고, 서버 요청을 줄이기 위해 캐싱을 사용하고, CSS 및 JavaScript 코드를 최적화하는 등 웹 사이트의 속도를 최적화하는 데 사용할 수 있는 다양한 기술이 있습니다.

Q. 어떻게 하면 최신 동향 및 유행하는 기술을 유지할 수 있나요?

A. 프론트엔드는 React를 벗어날 수 없다고 생각하기 때문에 저는 Meta의 오픈소스 프로젝트를 많이 봅니다. React 관련 최신 사항들을 알 수 있습니다. 또한 NextJS를 만드는 Vercel 팀의 블로그나 React Native와 Expo팀의 블로그 등을 보면서 최신 기술과 왜 사용하는지에 대한 내용을 확인합니다.

다른 개발자와의 협업에는 Git과 같은 버전 제어 도구를 사용하고, 여러 개발자가 동일한 코드 베이스에서 작업할 수 있는 개발 환경을 설정하고, 모두가 동일한 페이지에 있도록 효과적으로 의사소통하는 작업이 포함됩니다. GitHub 및 Slack과 같은 도구도 협업에 도움이 될 수 있습니다.

실시간 상담에서 나온 백엔드
Q & A

제가 10번 정도의 개발자 초보자 상담에서 나온 내용들을 정리해 보았습니다. 해당 내용은 계속해서 업데이트 될 예정입니다.

Q. 백엔드는 어떤 언어로 코딩 테스트를 해야 하나요?

A. 백엔드는 자신이 사용하는 프레임워크 언어를 사용해야 합니다. 다른 언어로 코딩 테스트를 보면 오히려 면접관이 언어에 대해 더 집중적으로 깊게 물어봅니다. 대비가 잘 되어 있다면 상관없겠지만 면접관은 보통 시니어인데 물어보는 질문에 잘 대답하는 취준생은 없을 것으로 예상합니다. 그렇기 때문에 문제가 뻔하게 생길 방법을 선택하는 것은 바람직하지 못합니다.

Q. 포트폴리오 제출해야 하는데 배포가 안되어 있습니다.

A. 백엔드로 포트폴리오를 제출하시는 분들이 항상 가지는 문제입니다. 바로 EC2에 배포를 했는데 가격 문제 때문에 서버를 내려버리죠. 사실 EC2 와 RDS 조합을 가져가는 순간 월 5 ~10만 원 정도 비용이 발생합니다. 그렇기 때문에 비용을 최적화한 설계를 해야 합니다. 아니면 무료로 사용 가능한 railway나 cloudtype 같은 걸로 배포를 해야 합니다. 하지만 여러분은 AWS로 연습이 필요합니다. 꼭 AWS 배포에는 익숙해지도록 연습하세요.

Q. 백엔드 포트폴리오는 어떻게 작성해야 할까요?

A. 백엔드 포트폴리오는 화면을 캡처할 필요는 없습니다. 백엔드는 시각적으로 화면을 설계하는 일을 하지 않았기 때문에 화면을 공유해 준다면 면접관들은 오히려 이상하게 생각합니다. 그래서 저는 REST API 문서를 어떻게든 배포를 해서 공유해야 한다고 생각합니다. 백엔드 서버는 비용 문제 때문에 배포가 안된다고 하더라고 여러분의 REST API는 꼭 배포가 되어서 면접관들이 볼 수 있도록 하세요.

Q. 백엔드 자기소개서를 어떻게 쓰면 좋을까요?

A. 저는 MSA의 철학과 AWS 클라우드를 좋아하고 강조하고 싶기 때문에 이렇게 적을 것 같습니다. 'AWS 클라우드와 MSA 전문가가 되어 매년 서버 비용의 10%를 줄이고 싶은 백엔드 엔지니어를 꿈꾸는 양동준입니다.' 여러분도 여러분의 장점과 프로젝트에서 사용한 구체적인 용어들을 바탕으로 자기소개를 쓰도록 노력해 보세요.

Q. Redis가 유행인데 프로젝트에 사용한다?

A. 생각 외로 취준생분들과 주니어 분들이 유행한다는 주관적인 의견으로 개발 스택을 고르는 경우가 존재합니다. 이는 수치와 논리적으로 판단해야 하는 소프트웨어 개발자로서 적합하지 않습니다. 혹시 redis를 신입 채용에 요구하는 기업이 있는지 조사는 해보셨나요? MySQL로 SQL문도 제대로 수정 못하는 신입을 redis 한 번 써봤다고 뽑는 기업은 없습니다. 여러분이 취직이나 이직이 목적이라면 공고를 분석해서 수치적으로 어떤 기술이 이득인지 객관적인 자료를 만드는 습관을 만들어보세요.

저는 원래 백엔드에게 프론트 지식을 요구하지는 않았는데요. 최근 트렌드가 조금 바뀌었는지 백엔드 공고 중 우대사항에 프론트 지식을 대기업 중견 중소 가리지 않고 요구합니다. 확실히 백엔드도 이제 프론트엔드를 해야 합니다. 하지만 React를 요구하지는 않기 때문에 저는 VueJS가 어떨까 생각합니다. 아니면 React를 원하신다면 백엔드와 조합이 좋은 SSR인 NextJS를 추천드립니다.

Q. 남이 작업한 부분은 어떻게 작성해야 하나요?

내가 한 작업이 아니라면 이력서에는 표기하지 않는 것이 좋습니다. 면접에서 프로젝트에 대해서 물어볼 수밖에 없기 때문에 거짓을 기록하면 금방 들통나기 때문입니다. 만약 프로젝트에서 회원가입만 담당하셨다면 CRUD REST API에 관련해서 꼭 나중에 스스로 학습해서 추가해 보시길 바랍니다. 이렇게 만들어봤다면 이력서에 추가해도 좋을 것 같습니다.

Q. 프론트엔드도 필요하다는데 어떤 언어가 좋을까요?

A. 저는 VueJS가 상대적으로 쉽기 때문에 VueJS를 추천드립니다. 백엔드에서 사실 프론트엔드를 엄청 잘 알아야 하는 것이 아니기 때문입니다. 하지만 요즘 NextJS가 나오고 SSR이 유행이니 NextJS와 React 문법을 연습하는 것도 좋지 않을까 생각합니다. 현재 프론트엔드 진영에서 유행하는 메인 프레임워크고 Meta에서 유지보수를 하니까 믿을 수 있다고 생각합니다. 또한 만약 모바일까지 생각하신다면 React Native까지 개발할 수 있다는 점에서 React도 추천드립니다. 하지만 React를 한다면 VueJS보다 시간이 더 오래 걸리는 것은 고민하셔야 할 것 같습니다.

웹 개발자 로드맵

수치와 데이터로 증명하는 가이드북

출간일 2023년 10월 20일 | 1판 1쇄

지은이 | 양동준
펴낸이 | 김범준
기획 · 책임편집 | 권소정
교정교열 | 오상욱
편집디자인 | 김옥자
표지디자인 | 이수경

발행처 | (주)비제이퍼블릭
출판신고 | 2009년 05월 01일 제300-2009-38호
주 소 | 서울시 중구 청계천로 100 시그니쳐타워 서관 9층 949호
주문 · 문의 | 02-739-0739   **팩스** | 02-6442-0739
홈페이지 | http://bjpublic.co.kr   **이메일** | bjpublic@bjpublic.co.kr

가 격 | 20,000원
ISBN | 979-11-6592-249-8 (93000)
한국어판 © 2023 (주)비제이퍼블릭